붓다의 레시피

Recipe of Buddha

수덕(성도) 스님은 인도에서 간디자연치료대학을 졸업하고 동대학에서 강의했으며 간디자연치료병원과 헤르메스 병원 등에서 환자들을 돌보고 의사들을 상대로 카이로프락틱에 대하여 강의했다.

인도에서 머무는 동안 달라이 라마를 만난 것을 계기로 히말라야를 떠돌며 명상여행을 하였으며 미얀마에서 출가한 뒤 미국 샌디에고의 막스거슨연구소와 티후아나 자연치료병원에서 수학했으며 그리고 뉴욕 Greenwich Village meditation center에서 명상 지도를 이끌면서 그림과 사진 전시회와 음악회를 여는 등 예술작업에도 관여했다.

그러면서 서울문학 추천작가로 활동을 하다가 《문학과 문화》의 신춘문예에 당선된 뒤 시집 『스테이크 스테이크 스테이크』를 출판하였으며 귀국 후에는 가평의 대원사에서 템플스테이 관장과 서울에서 붓다선원장과 불교문화원에서 명상 지도를 이끌었고 지금은 서울 법화사에 주석하고 있다.

붓다의 레시피

초판 1쇄 발행 2020년 1월 29일
지은이 | 수덕(성도) 스님
펴낸이 | 이의성
펴낸곳 | 지혜의나무
등록번호 | 제1-2492호
주소 | 서울시 종로구 관훈동 198-16 남도빌딩 3층
전화 | (02)730-2211 팩스 | (02)730-2210
ⓒ수덕(성도) 스님
ISBN 979-11-85062-30-3 03190

행복의 근원을 찾아가는 '나' 조리법

붓다의 레시피

Recipe of Buddha

수덕(성도) 스님 지음

지혜의나무

-

　인간은 필연적으로 하나이고 유일하며 비존재를 통하여 존재의 가치로 한 발 나아간다. 태고부터 지금까지 가르침은 언어를 통해 이루어졌으나 진정한 스승은 그대의 본연의 모습을 가리키는 것. 존재의 심연에서 그대가 이미 알고 있는 진리와 그대 사이에 놓인 무언가를 스스로 제거할 수 있도록 돕는 사람 아니던가. 치열했던 지난여름 하안거의 백일동안 자신과의 약속과 수행자로써 후회를 남기지 않는 완전연소의 삶을 살기 위해 시의 형식을 빌려 이른 새벽에 집필했다. 퇴고 후 도반인 석담과 만나 차담을 나누다가 책 제목 이야기가 나왔고 '레시피'가 어떠냐는 조언에 '來詩彼Recipe'라는 조어를 만들게 되는 인연이 있음에 감사한다.

　모든 고대경전과 스승들이 그랬듯이 '나를 초월하라'의 청출어람靑出於藍이요 한번 읽고 책장에 장식용으로 쓰이기보다 손에 자주 들어 좀 더 평화롭기를, 기쁨이 있기를, 고요함이 있기를 욕심내 본다.

나는 바람

그물에 걸리지 않는 바람

그대는 바다

바람에 출렁이는 바다

바람이 바다가 없다면

바다가 바람이 없다면

어찌 바람이고 바다이리

아, 우주의 얽힘이여!

그대여 이제 남은 시간은

'단 5분'

이 시간 내에 세편의 시를 써올지니

한편은 그대에 대한 것이고

한편은 나에 대한 것이며

마지막 한편은 우리들에 대한 것이라

그것이

이 세상의 전부요

마지막일지니

목차

나는 누구인가?
나는 누구인가?
나는 누구인가?

나는 누구인가?

나는 들에 핀 한 송이 꽃입니다.

나는 누구인가?

꽃의 향기에 부름을 받은

한 마리 나비입니다.

나는 누구인가?

나른한 오후, 겨드랑이를 펴는

수컷의 공작새입니다.

공작새의 우아한 춤

춤 속에서 노래하는 가슴입니다.

나는 누구인가?

그대의 춘정春情이 뿜어내는
번개섬광의 번득임!
느닷없는 눈빛의 화살에 꽂혀버린 심장입니다.

오! 나는 그것입니다.
누구도 알지 못하는 별의 속삭임
누구나 다 알고 있는 바람의 애무

나는 그것입니다
어머니의 젖가슴
젖을 젖게 하는 하늘의 천둥, 대지의 울림
젖이 울음 우는 가슴입니다.

아,
나는 기쁨! 기쁨의 전율! 전율속의 평화!
아무런 조건을 잃은 사랑입니다.

사랑입니다 나는
서녘의 노을을 감싸 안은
연민어둠 전의 안온한 무드라
자비입니다.

부디, 저를 저이게 하소서.

당신이 저의 전율임을

당신은 이미 자신의 전율로

자식인 저 스스로를 떨게 하였습니다.

당신이 진동하는 하나 된 웃음은

백합꽃 향기의 미소로 번지고

지금 여기, 그 미소로

여如는

바람의 비입니다.

비속의 바람, 생명입니다.

몸과 마음을 비비며

서로를 잊은 존재 무심의 자신들

술 취한 바다 너울의 춤입니다.

여여!

그 스스로 자연自然, 여여如如들이여

존재의 펄럭임 영원의 무드라여

절로 스스로 빛나노니

복되고, 복되고 복 되도다

행복하여라.

　　　　　　　　　　　　　　一笑 安大辰

무지無知 속에
잠들었던 그대여
이제 깨어났는가

나는 그대에게 이렇게 묻는다.

그대는 누구이고 나는 누구인가
그대는 경험이고 나는 추억인가

그대는 누구인가
들숨과 날숨으로 숨쉬는 자인가
아니면 바라보는 자인가 느끼고 생각하는 자인가

그도 아니라면 옳고 그르며 아름답고 추함을 판단하고
나쁜 것보다 좋은 것을 선택하는 자인가

그대의 모든 판단과 행위의 주체가 그대인 것이 확실한가
붓다는 이렇게 말씀하셨다.

미친 중생들이여

나처럼 극도로 호화스럽게 살아본 자도 없고 나처럼 혹독하게 고행을 해본 자도 없나니 오직 이름이나 모습보다 더 깊은 곳의 고귀한 나의 실재state reality를 찾기 위해 몸을 던졌나니 그대를 알고 이해하고 받아들이라

그대여 성경의 이 말씀을 기억하는가.

'들으라

씨를 뿌리는 자가 뿌리러 나가서 뿌릴 때

더러는 길가에 떨어지며

더러는 흙이 얕은 돌밭에 떨어지며

더러는 좋은 땅에 떨어지매

자라 무성하여 결실하였으니

삼십육 배 육십 배나 백 배가 되었느니라.'

씨는 그대 마음의 씨이며 땅은 사람의 마음 밭이라

좋은 땅이 삼십 배요 육십 배요 백배의 결실을 맺는다면

호미와 삽을 들고 영혼의 밭으로 나가 옥토를 만들리니

그 수고가 헛되지 않으며 좋은 땅의 주인보다 깊은 기쁨 함께하리라

그러니 그대여 금수저가 무엇이고 흙수저가 무엇이랴

그대는 누구인가

그대는 빛이 아니던가

꽃 하나하나가 자신의 색상을 가지고 있지만

모든 색상은 빛에 의해 나타나듯이 오직 빛의 자각 안에서만 일어나는.

그대는 경험과 기억을 자기라고 생각하는가?

결코 경험과 기억은 그대가 아닐지니

'너 자신을 알라'

그리스 델포이 신전에 새겨져 있는 '너 자신을 알라Know yourself'는 그대의 삶에서 일어나는 모든 방황과 고민을 해결하는 열쇠가 되는 것이리

그대가 붙인 이름표나 그대가 원하는 모습보다 그대 안의 깊은 곳에 있는 '참 나'를 찾아볼지니

그대여 먼저 앉으라

고요하지 않으면 바라볼 수 없나니

그대는 세상이라는 알에 갇혀있구나

다시 태어나려면 자신의 세계를 깨뜨려야 할지라

그대여 앉았는가

그대는 이미 알고 있도다

세상에 태어날 때 첫 숨을 잊지 않고 쉬는 것처럼 이미 그대는 생명이라

컴퓨터를 켜고 새로운 기술을 배우는 데에도 시간은 필요할지니 이것은 그대 삶의 가장 본질적인 일이며 유일한 일이며 깨닫는 일이노니

그것은 바로 외형의 이름과 형상을 초월하여 그대가 만들어낸 이야기의 역사를 초월하여 본래의 '참 나'를 알아내는 일일지라

그때 비로소 그대를 이해하고 받아들이며 깨달은 후 붓다의 미소를 보게 되리라.

오, 무지無知속에 잠들었던 그대여

이제 깨어났는가

붓다이신 그대에게 경배하노라

그대여 머뭇거리지 말고 바로 깨우치라

이 순간 이 찰나에 모든 것이 달려있도다

하지만 그대여 쉿, 조용히 하여 고요히 즐겨라

다음 상태로 넘어가기 위해선 고요함이 필요하고 그 고요

함 끝에 '참 나'가 있음으로 해서

　　그대여 아는가

　　인간의 뇌는 무엇을 위해 설계되고 어떻게 작동하는지 바라보라

　　뇌는 먹이 지도보다 인간관계를 우선하나니 곧 남을 설득하고 이해하고 속이며 서로간의 미묘한 일을 해결하기 위함이라

　　그대는 오직 행복을 위해 존재하며 행복은 객관이 아니라 주관적일 것이니

　　그대여 알았는가

　　그대가 행복하려면 몸이나 정신이 완전히 타인으로부터 독립적이고 자유로워야 된다는 것을

　　그것은 마치 밥그릇과 국그릇이 따로 있듯 그대 마음의 레시피recipe도 그러하리

　　또한　그대가 가지고 있는 기억memories과 꿈dream, 투영投影reflections도 욕망의 동일시同一視identification에서 비롯되었다는 것을 알아차릴지니

　　보았는가 그대여

그대의 기억과 꿈과 투영들이 그대의 욕망에서 비롯되었으며 그대는 이제 첫 번째 관문인 그 욕망의 지옥inferno을 보았도다

그대여 보았는가
그대의 접시 위에 놓인 음식들을
그러나 그대여 놀라지 말지니
그것의 대부분은 이웃 사람의 불꽃이 그대에게 옮겨 붙은 것임을 알아차려야 하나니
곧 허공처럼 걸림 없고 지극히 고요한 그곳을 바라보게 될 것이라
고요한 이곳을 접해보지 못한 사람은 자기 자신을 알 수 없나니
이것을 무지無知라하고 그대의 참나가 아닌 환영이라 이름 붙이노라

그대여 아는가
자신의 실체에 대한 이러한 오해를 바꿀 유일한 방법은 자신의 마음이 움직이는 방식을 완전히 자각하면서 그것을 자기발견의 도구로 돌려놓는 것임을
그대여 아는가

음식은 우주의 모든 기운이 만든 것이라 신성함이 깃들어 있나니

그대 마음의 레시피는 그대의 식사食思일지도 모르노니

그대여 알았는가

원래 마음은 사람들 간의 관계와 생존을 위한 투쟁의 도구 였으며 자연을 정복하고자 자연의 방식을 배워야했으며 마음 이 그것을 배우고 또 배웠나니

마음이 자연과 손잡고 일하면 삶을 더 높은 수준으로 향 상시킬 수 있었기 때문이리

그리고 또한 마음은 상징적인 사고와 의사소통의 기술과 기능을 습득하여 아름답게 꾸미게 되었으니 관념과 추상이 실재의 한 외양을 얻어

백설공주가 되었으며, 배트맨이 되었으며, 조커가 되었노라

개념적인 것이 실재하는 것을 대체하였으니 이를 어쩌랴, 그 대는 이제 현란한 춤을 추는 언어의 가상 무도회 속에 있나니

그대여 내가 묻노니 이런 사실들을 알아차렸는가.

그대가 사람과 사물들을 다루려면 말은 매우 유용하나 그 말은 비실재적인 세계 안에서 살게 만든다는 것을

그대여 그대가 만든 마음의 레시피를 보라

그대가 사랑이라고 말하는 그 말의 실체는 무엇인가

그대의 말에 감정과 관념이 가장 풍부하게 들어 있는 말이
그대라고 생각하는가 하지만 그 말은 마음 안에 일체의 모든
것인 육체와 절대자까지 집어넣어 만든 스토리일지라

그러므로 그대여 언어적 감옥을 부수고 나와 실재로 들어
가려면 말로부터

그것이 가리키는 것, 곧 사물 그 자체로 그대의 초점을 옮
겨야 하나니

그대여 알아차리라

모든 욕망의 궁극적 목표는 이 존재감을 향상시키고 굳건
히 하여 껍질 속에 가두는 것이며 모든 두려움은 그 본질상
자기 없음에 대한 두려움이라는 것을

그러므로 그대여 너무나 실재하고 생생한 이 '나'라고 하
는 것에 파고들어 진짜 주인공이 누구인지 자각自覺하고 자성
自省해야 하나니

그때 비로소 진정한 자기 존재存在self being와 진정한 그대
의 본질性品swarupa을 만나게 될 것이니

그것이 바로 최고의 깨달음에 이른 자, 붓다이다

그대여 다시 앉으라

그대의 근원根源nature state은 무엇인지 제대로 보았는가

그대 안에 붓다가 있다는 것을 안다면, 그대 안에 신성神性
이 있다는 것을 안다면

그대는 타인에 대한 증오와 경계심이 없이 있는 그대로를
보게 될 것이니

그때 비로소 그대가 어디로 향하여 가야하는지 알게 될
것이리

오 나의 붓다여

허공에 가득한 단비를 보았는가

그대의 그릇에 따라 이익을 얻을지니

참 나는 너무 깊고 극히 미묘하며 인과因果로 움직이며

그렇게 이룬 것이 그대들의 세계일지니

그것은 바로,

하나 가운데 일체요 일체가 하나라는 것이며

한 티끌이 이 우주이며 우주가 한 티끌일지니

태양도 변하지 않았고

지구도 변하지 않았고

달도 변하지 않았고

나무도 변하지 않았나니

오직 하얀 캔버스였던 그대만이 변했어라

오 그대여

원래 그대는 맑은 물

원래 그대는 청정한 공기

원래 그대는 활활 타오르는 불

태양이 그대로이듯

달이 그대로인데

오직 변해버린 그대를 바라보라

타인의 욕망에 부합하기 위하여 그대는 지금 어디서 무엇

을 하고 있는가

그대는 신의 자녀이니

그대 마음의 레시피를 볼지라

어서 깨어나라 꿈속에서

그대는 행복하기 위해서 이 세상에 태어났나니

너무 화내거나 동요하거나 흥분하지 말며 그것을 정당화

하지도 말지니

오직 그대의 삶을 살고 순간순간을 알아차려 바라볼 것

이라

그러니 미친 중생들이여 이제 제대로 보았는가

곧 이어서 따라오는 그대의 정당화의 논리들을

그러니 바라보라
그대의 눈과
그대의 귀와
그대의 코와
그대의 혀와
그대의 몸과
그대의 의식意識에서 일어나는 모든 것을 알아차리라
오직 미친 마음이 달라지기를 원하지 말고 그저 바라볼 뿐
이면 모두 사라지리니
몇 십초마다 다른 생각을 해대며 피곤에 지쳐있는 그대를
제대로 바라보라light view
가장 위대한 도전은 '참 나'를 찾는 것이리

그대여 이제 알아차렸는가
우리의 언어는 존재의 본질을 제대로 나타내지 못하고 있
다는 것을
그대여 사과의 맛을 타인에게 말해 보았는가
사과가 달콤하다
사과가 새콤하다

사과가 시원하다

그리고 몇 개의 맛을 더 전달할 수 있는가

더 한다 할지라도 완벽하지 않을 것이니 오죽하면 예수가 십자가의 길로 나아가 '저들은 아무것도 모르나이다 저들을 용서하소서'라고 했으며

달마는 왜 숭산의 소림굴에서 면벽 9년을 했겠는가

그대여 그대의 음식접시를 보라

그것이 그대의 마음의 레시피일지니

그러니 들으라

그대에 대한 근원을 안다는 것은 인간가치에 대한 진정한 이해로부터라는 것과

자비는 사랑의 다른 이름이며

자기를 진정 사랑하는 자는 자기 자신이며

자신을 사랑할 줄 모르는 자는 이웃도 사랑하지 않는 자이니

그대여 알아차리라

자기완성으로 '너나 잘 하세요'라는 말이 바람에 날아 다니는도다

그대여 살아있는 그대의 몸은 무엇인가

한시도 가만히 있지 못하며 즐거운 것을 찾아 헤매고

힘들고 불쾌하게 하는 것들을 두려워하는 것이 그대의 몸이 아니던가

그대의 몸은 그대가 선택한 음식에서 나왔어라

그대가 그대의 생각이라는 레시피에서 그대의 몸이 나왔나니

그대여 다시 한 번 알아차리라

그대는 자신에게 실체가 결여되어 있다는 것을 인정하려 들지 않고 대신에 완전하거나 자족감을 높여주는 이미지에 그대 자신을 투사하려 애쓰는 나르시시즘일 뿐이니

그대여 인정을 받으려 애쓰지 말지라, 이미 붓다이니.

그대여 소크라테스의 독배는 무엇인가

소크라테스는 폴리스를 위해 새로운 개념의 진리를 만들었지만 동료와 시민들은 그것이 젊은이들을 선동한 것으로 여기지 않았던가

결국 자신이 만든 신개념이 파르마콘parergon의 중의성과 파르마키아의 이중성의 사슬에 걸려 '치유와 독약' 중 하나인 독배에 들게 한 것이다

그런 의미에서는 소크라테스는 철학의 파르마코스

pharmakos인 자기 철학의 순교자일 뿐이라 그대는 언제 어디서 그노티 세아우톤Gnoti Seauton을 보며 '나는 아무것도 모른다'고 인정할 것인가

오 그대여 알았는가
밖에 있어야할 안에 있는 가짜 나를 추방하려는 욕망과 세상을
'진짜'와 '가짜'로, '내 편'과 '네 편'으로 가르는 습관에 대해 철학은 마땅하고 유용한 탈출지도를 만들지 못했노니, 그리하여 뫼비우스의 띠처럼 악순환이 춤추었어라

그대여 그 감옥에서 나와 그것을 거부하고 배제시킬지니
왜냐하면 그것은 그대가 아니기 때문이리
과거는 기억 속에 있고 그대는 지금 그 자리에 있으며 미래는 상상 속에 있나니 이것이 바로 그대의 실체성이라

그대여 내가 묻노니 어디에서 무엇을 하고 있는가
아직도 생과 사의 계곡을 왕래하며
고통과 쾌락의 두 언덕 사이의 다리에 서 있는가
이 모든 것이 그대의 삶과 더불어 흐른다는 것을 알지니
그것을 이해하고 받아들여 단박에 붓다의 자리로 가라

그대여 아는가

삶은 그렇게 사건의 연속이라는 것을

하지만 그대여 그것을 안다면 그것을 건널 수 있나니

자신이 어떻게 움직이는 가를 그대의 마음레시피를 바라보라

그것이 살아있는 현재의 궁극성窮極性ultimatc potentiality이요 최고요

궁극이며 최종이고 근본이나니

이제 제대로 보라 그대여

생각은 실제가 아님이요

겉이 아니니 겉을 보는 마음을 놓고

인식과정을 관찰하여 탈출지도를 고쳐 쓸지라

그리하여 한계 짓고 나누고 대립시키는 마음을 넘어설지니

이것이 마무리되면 본래의 '참 나'의 길로 들어서나니

그대 원래의 깨끗한 캔버스로 돌아갈 것이라

2019년 10월

법화사에서

수덕(성도)

1

그대는 몸도 마음도 영혼도 아니다

그대는 몸도 아니요
마음도 아니요
영혼도 아니다

나의 옷이라는 말은 옷이 나인가

나의 차라는 말은 차가 나인가

나의 몸이라는 말은 몸이 나인가

나의 아버지다 에서 아버지가 나인가

나의 돈에서 돈이 내가 아니듯

모든 소유격은 '나'가 아니리

오직 껍데기일 뿐

그렇지 아니한가

오 그대여

셀 수 없이 수많은 껍데기들로 겹겹이 둘러싸여 있을 뿐 진
정한 그대는 어디에도 없노니 진정한 '나'는 그 속의 깊은 곳
에 아직도 그대를 기다리며 오롯이 남아 있을지라

그대는 여자도 아니요 남자도 아니며 그대는 몸도 아니고 그대는 영혼도 아닐지라 오직 바라보는 자 '참 나'일지니

오 그대여 다시 말하노니

그대는 몸도 아니요

그대는 마음도 아니요

그대는 영혼도 아니다

그때 오롯이 나만 남는 나는 누구인가

바로 '나는 나다I am that'

그 어떤 것도 덧 씌어 지지 않은 존재 그것이 바로 그대이다

우리 모두가 단 하나의 이름 '나'라는 위대한 이름을 가지고 있다

그러므로 그대여 이제 껍데기를 벗고 진정한 나로 살 것이다

그대여 알아차렸는가

그대가 부여잡고 있는 껍데기

변할 수 없다고 굳게 믿는 그대의 마음도 그대가 아니나니

오직 나라는 이름은 하나뿐일지니 어서 자리에 앉아 그대 안으로 들어가 살피라

그때 붓다께서 삼매로부터 일어나시어 사리불에게 이렇게 말씀하셨다

"모든 붓다의 지혜는 심히 깊고 한량이 없으며 들어가는 그 문은 알기 어렵고 들어가기 어려움이니라. 사리불아 요긴함을 들어 말하건대 한량없고 가이없는 미증유의 법을 나는 모두 성취하였도다. 그만하자 사리불아 더 말하지 않겠노라. 어찌하여 그러한고 붓다께서 성취하신 바는 희유稀有play merrity하여 알기 어려운 법이니라, 오직 붓다와 붓다만이 모든 법의 실상을 능히 연구하여 다함이니 이른바 모든 법이 이와 같은 상相이며 이와 같은 성性이며 이와 같은 체體이니라"

붓다께서 하신 이 말씀은 이렇게 요약된다

'참된 자기를 발견하기는 매우 어렵다. 왜냐하면 자기自己가 있는 자는 깨달음의 경지에 닿을 수 없기 때문이다'

그대여 아는가

달마는 중국에 오기 전 이미 붓다였다

달마의 면벽 9년은 상대할 대상이 없었기 때문인 것처럼 나를 버리는 용기와 돈오점수頓悟漸修로써 본래적 상태natural state로 들어가야 한다는 것을

그대여 그것은 매일 매시간 탐색하고 자신에게 질문하며

자신의 삶을 이 발견에 바치면 마침내 그것을 보게 될 것이라
노인이 산을 옮기는 우공이산愚公移山처럼 어찌하지 못하리오.

그대여 앉으라
삶이 권태롭거나 갈 길을 잃을 때 그대의 안을 살필지니
과거는 기억 속에 있고 미래는 상상 속에 있지 아니한가
지금 그대와 함께 있는 것은 누구인가

알아차리라 그대여
산사에서 치는 종소리가 모두 똑같은가
먼저 친 종소리
현재 친 종소리
나중에 칠 종소리
그리고 기억되는 종소리

그대의 몸은 지금 어디에 있으며 어디를 향해 가는가
지금 자리에 앉아 알아차리지 않는다면 어쩌겠는가
이 세상의 모든 것이 이유가 있나니 그래서 깨달음에 이르
지 못하느니라

나의 몸이여 나의 실재實在reality여

그대는 결코 자아와 함께 있지 않다

그대의 마음은 모두 고급아파트나 집, 자동차나 미남, 미인
과 아름다움이라는 사물과 관념에 머물고 있지 아니한가

그대여 이제 그대의 존재의 실재를 자각할 때이나니

그대의 자아를 초점 안으로 가져와 주의를 기울여봄은 어
떠한가

그리하여 마침내 그대가 어떻게 움직이는지 바라보시게

그 행동들이 어떤 동기로 일어났으며

그 동기의 결과가 무엇이었는지 지켜볼지니 이것이 여실지
견如實知見이요 있는 그대로 봄이라 하노니

그곳으로 들어가는 첫 번째 버튼은 정견正見Light View의
'바로 봄'이라 그것이 올바른 삶의 시작이다

보았는가 그대여

그대가 무심코 습관적이며 잘못된 관념으로 지은 감옥들
을 부수고

그대가 만든 이야기 중에 '나는 무엇이다'라는 몇 개의 이
름표를 뗄지니

그것의 성공은 거부와 배제를 통해서라는 것을

깨달음으로 자기를 찾은 자는 행복하고 편안해지는 것은 결국 그가 집으로 돌아가기 때문일지니

목적지에 다다른 여행자가 짐을 챙겨 미련 없이 고속버스에서 내리는 것과 무엇이 다르리

더구나 어리석은 마음에서 벗어났으니 머리로 생각해서 말로 표현하는 어리석음을 버리고 그저 앉아서 바르게 보라

그대의 실재요 참 존재는 행복이며 그 행복이 바로 자신의 성품이라는 것과 더구나 자신이 아무것도 할 필요가 없고 어떤 것도 얻으려고 애쓸 필요가 없다는 것을 완전히 자각할지니

그대여 원인 없이는 행복이 있을 수 없다는 생각을 버릴 것이니 백팔번뇌가 그대를 농락할 것 이로데 이것을 알아차리면 붓다가 되는 원천이 되나니

어서 볼지라, 그대의 집착을 알아차리면 고통이 왜 생기는지 알 것이오

없애는 멸滅도 알게 될것이로데 그것을 정견正見samma-ditthi이요, 바른 앎light understanding이라하노니

그대여

정견은 논리나 사유가 아니노라

깨달음은 논리나 사유 이해로써 아는 것이 아니노니

그대여 습관적인 생각으로, 생각하는 버릇으로 깨달음의
언덕에 이르지 못하노라

돈오점수의 수행이 그것이니 그대여 앉으라

실재하는 깨달음의 세계는 생각 너머에 있나니

이 세상의 모든 존재는 인연 화합으로 생겨나

어떤 실체가 없으므로

끊임없이 변화할 수밖에 없나니

그런 변화는 공空하기 때문에 가능한 것이라네

그러므로 그대여 정견이 곧 지혜이며 그것이 곧 공空이니
허망이라

바람이 나무에 부딪히고

바람이 나뭇잎에 부딪히고

바람이 바위와 부딪히고

바람이 바닷물과 부딪혀 성난 파도를 만드는 것처럼

이리하여

우리가 살고 있는 세계

우리의 개인적인 세계를 창조하노니

실재하는 세계는 마음의 범위를 넘어서 있나니

그러나 그대는 욕망이라는 그물을 통해서 그것을 보나니

쾌락과 고통

옳고 그름 안과 밖으로 나누어진 욕망을,

그러니 그대여 이 세상과 우주를 있는 그대로를 보려면 그

그물을 넘어서라

구멍이 숭숭 뚫린 그물을 바라보라

그리고 곧 이어 핑계 대며 빠져나가는 그대의 모순을 볼

지니

그대여

오래 살기를 바라며 과식하는 자 누구이며

우정 쌓기를 바라며 그 사람을 이용하는 자는 누구인가

그대의 마음은 실재세계實在世界 너머에 있으며 사람들과

인과는 공간 안에서 일어나는 사건들의 시간 속에서의 연속

을 말하노니

하지만 그대여, 그것은 물리적이거나 정신적인 것일지라

시간과 공간, 인과는 마음과 함께 일어나고 가라앉는 정신

적인 것이 아니던가

또한 인과는 직접적이거나 간접적으로 전 우주가 가장 작은 사물의 존재에도 기여하고 있나니 그것은 나비효과 Butterfly Effect이며 카오스의 그것이라

곧 지구 안에 존재하는 어떤 사물도 특정한 원인을 갖지 않나니 그것은 우주 안에 존재하는 것에 의해 구속받지 않기 때문이라

그대여 따라서

우주는 근본적으로나 전적으로

깨달음이나 믿음을 주기 위해 나타내는 나툼이며 각자의 몸짓이며 표현이니

그것이 바로 태양과 달의 표현이며 지구의 실재요 명백한 현현顯現evidence이요

창조의 나타남이라

그대여 그것은

'하나님은 원래부터 그 자리에 계셨다'처럼

어떤 사물도 어떤 특정한 원인 없이도 있을 수 있나니

마치 그대가 다른 여자의 몸을 빌려 태어날 수 있었던 것처럼

태양과 지구조차도 가장 중요한 요인 없이는 그대를 태어

나게 하지 못했을 것이니 다만 그것은 그대가 이 세상에 태어
나고자하는 커다란 욕망이 있었음이라

　　그대여 그러므로

　　욕망이 탄생을 일으키고 이름과 형상을 만들며 그대가 창
조한 이야기와 허망하고 번민만 가득한 세상에서 실오라기
같은 작은 쾌락에 의지하며 그 바다를 어찌 건너려 하는가

　　현상과 본질을 살필지라.

그대는 붓다며
오직 그대일 뿐
고요히 앉으라

그대는 아는가, 바보에 대해서
　찾는 물건을 왼손에 들고 오른손을 바라보며 물건을 찾고
있다면 그대는 그 사람을 바보라 할 것이라

　샤카무니 붓다가 그랬다
　6년의 고행 끝에 대광명의 깨달음에 이르렀을 때
　희유稀有의 미소를 지었으니
　그 붓다가 자신의 심연深淵에 있음으로 해서

　그대여 붓다는 사념처(身受心法)를 알아차렸나니 그것이 무
엇인가
　처음이 육신의 덧없음을 볼지라 삼가고 진실할지니
　두 번째가 감각의 고苦와 부정不淨에 관한 것이니 계戒로써
경계를 가질 것이오

세 번째는 의식의 무실체에 관한 것이니 실상을 제대로 볼
것이오

네 번째는 존재의 무상에 관한 것이니 선함으로 바르게 살
것이라

그것은 자신의 몸과 감각과 마음과 법에서 일어나는 여러
변화를 살필지라

그대여 이제 알아차렸는가

세상을 있는 그대로 보고 싶다면 그대가 가지고 있는 희망
을 없애야 한다는 것을.

그대여 그 희망의 뿌리를 볼지니 푸른 안경을 끼고 어떻게
설경을 제대로 보겠는가.

그러니 그대여 모든 사람의 욕구는 생존의 근저根底the root
and foundation이니

그대도 욕구가 없다면 생존은 불가능할 것이로되

그것은 바로 그것이 감각적 쾌락과 연결되어 있기 때문이
라 그것이 곧 갈애요 집착이 아니고 무엇이리

그러니 그대여

그 고통을 끝내고 싶은가

그렇다면 지금 이 순간 느끼고 체험하는 것이 무엇이든 마치 그대 스스로 온전히 선택 하였나 바라보라

그대가 감정을 허락할 때 무슨 일이 일어나는지 지켜보라

그대여 앉으라

그대의 불행은 그대가 만들어낸 것이다

그 불행은 과거와 미래라는 시간을 필요로 하지 않던가

그렇다면 그대의 불행에서 시간을 제거해버리면 남는 것은 무엇인가?

그대에게 남는 것은 지금 이 순간의 그러함뿐이다

그대여 알아차렸는가

그대의 뇌가 가지고 있는 몇 개의 알고리즘algorithm을

그렇다면 그대가 지닌 문제해결을 위한 절차들의 집합을 지도처럼 그려보았는가

그것이 그대 뇌의 습관이며 뇌의 레시피이라

그 뇌는 그대 머릿속에 일어나는 생각 하나하나가 모두 사실이라고 여길 때 고통과 불행의 바다에 빠지노라

알았는가, 그대를 불행하게 만드는 것은 그대의 주변 상황이 아니나니 다만 육체적 고통을 줄 수 있겠지만 불행을 배달해주지는 않을지라

오직 그 불행은 그대가 만들어낸 생각이요 주관적인 판단
이라는 것을.

그대여 보았는가

그대가 하는 혼잣말도 타인과 나누는 이야기들도 대부분
이 불평불만이지 않은가

그것은 그대가 위축되는 자아상을 보강하기 위해 무의식
중에 만들어낸 뇌의 습관이다

그대가 옳다는 생각이 그대의 우월감을 키우고 거짓 자아
는 힘이 생겨 에고를 정당화시키나니 그대는 항상 옳은 쪽이
요 남은 항상 그른 쪽이 되나니

그대는 그렇게 적敵enemy을 만들고 결국 그 적은 그대를
고통의 바다에 밀어 넣을지라

알았는가 그대여

이 모두가 그대 스스로 만들고 자초한 고통임에도 그대만
모르고 있는 것은 아닌가

그렇게 그대의 에고는 그대와 타인과 완벽한 경계선을 정
의해줄 경계선을 필요로 할뿐 아니라 불평과 대립을 앞세운
다는 것을

그러니 그대여 붓다의 탈출방식을 볼지어라

쇼생크의 탈출은 알면서 어찌 이 세상에 가장 위대한 자, 붓다의 방식을 모르는가

이르는 곳마다 참 주인이 되고 서있는 곳 모두가 참 진리가 될 지어라

최상의 인생도 행복도, 평화도, 바로 지금 여기 있나니 타인에 의해 끌려가지도 말며, 분노하지도 말며, 오직 자신의 본심으로 주체자가 될 지어라

또한 그대여

진실한 말은 입 밖으로 나오지 않나니

마음이 가난한 자는 복이 있나니 천국이 자기 것이라

누운 풀처럼 자신을 낮출지니 그대가 나의 붓다이다

그대여 또한

눈에 보이는 것이 다가아니며 모든 것은 그대의 마음에서 만들었나니

붓다란 자기완성을 말하노니 그대는 그 길을 따를지라

그대 천개의 눈으로 빛을 내어 널리 비추어 두루 관찰할지니 숲은 얼마나 고요하고 꽃은 얼마나 땅 속 깊이 뿌리내리고 있음을

그대여 자연에서 고요함을 배우라

그곳이 바로 그대의 참 마음이며 순수의식이며 참 나가 거
주하는 곳, 온전히 맑은 마음이 머무는 그대 안의 허공이 아
니던가

그렇다 참 생명과 참 의식의 근원일지니

묻지 말라 그대여, 그대는 붓다이노라

붓다는 누구의 소유물이 아니다. 오직 그대일 뿐

그러므로 고요히 앉으라

마음이 고요하면 그 순간 아무 생각도 없나니 그때 다가온
고요함을 바라보라

그대는 소란함이 아니라 고요함이었다는 것을 알게되리니

그대의 몸은 거기서 나왔고 그것으로부터 생명의 에너지
를 받고 있나니

그대여 보았는가, 생각이 끊어진 고요함속에서

고요함은 온 우주의 별들과 나무들과 모든 풀잎들의 실체
이니

그대여 모든 것을 멈추고 고요해질 때 생각을 여윈 지혜와
창조가 깨어나노니

비로소 그 고요함이 그대의 말과 행동을 이끌어 가게 해야
할 것이니

이것이 명상의 첫걸음이니

그대여 '알아차림의 나침판'을 들고 붓다의 자리에 앉을
지라.

돌덩어리 앞에
그대는 왜
무릎을 꿇고 있는가?

그대여 마음心mind은 무엇인가.

그대여 마음은 그대의 감정이나 기억 따위가 깃들이거나
생겨나는 곳이든가?

그대여 알아차리라 마음은 돌아다니는 본성을 가졌나니
하루 수백수천의 생각을 재갈로 힘껏 묶으시게

그래서 붓다는 '아 미친 중생들이여'라고 외쳤나니

그러니 그대여

돌아다니는 것이 마음의 본성이니

의식의 초점을 마음의 너머로 옮기시게

마음이 침묵할 때까지

그대여

욕망의 바람이 마음을 흔들거든 본래의 마음 안에서 반사

反射reflection에 불과한 '나'가 이리저리 변하는 것처럼 보일 뿐

이러한 움직임, 즉 요동치는 쾌락과 고통 등의 관념은 모두 마음 안에 있나니 참 나는 그런 것들을 자각하고 마음을 너머서고 있나니

그대여

그대가 침묵하여 본래로 돌아가면 모든 일이 질서 있게 일어나고 자연스럽게 펼쳐지나니 삶이 일어나는 대로 괴로워하고 즐거워질 것이라 이것이 우리의 길이어라

항상 변하고 실체가 없는 허상에 대한 욕망과 집착이 모든 번뇌를 야기하노니

허상을 버리고 지금 여기의 현실에 집중할지니 지금 밥을 먹는다면 먹는데 집중하라

또한 그대여

붓다는 인도자일 뿐 구원의 주체도 아니다

구원자는 오직 그대 자신일 뿐

그러니 그대여 스스로에게 귀의하고 법法dharma에 귀의 하시게

그대 안에 있는 참나를 진리의 등불로 삼아 그 진리에 의지해 살아감이 어떠하느뇨

그대여

그대는 지금 과거에 얽매이고 생각이 만들어낸 좁은 자아에 갇혀있지 아니한가

그렇다면 그대의 생각은 바람처럼 빠르거나 세상에 단 한 대뿐인 람보르기니가 머릿속에 있는가

이제 그대도 다른 이들처럼 생각 속에 어리석게 길을 잃고 그대의 생각의 감옥에 갇혀버리고 말았구나

그러니 그대여 멈추라

그리고 앉아 고요함 속에 그대를 가두라

그대여

여기 마음작용의 법칙이 있다

좀 더 많은 지식도 아니며

좀 더 많은 정보도 아니며

좀 더 과학적인 지식도 아니거니

지금 필요한 것은 마음작용의 법칙을 바라보는 지혜일지니

모든 것을 멈추고 고요해지라

그대여 이 세상에서 형상을 여읜 유일한 것은 고요함이라

고요함은 물질이 아니며 이 세상에서 나온 것도 아니니

오직 고요함은 그대를 기다리고 있노니 숲속에서든 시장의 소란함에서든

그대여 그대의 삶속에서 그대의 참 나를 찾으라

그대의 진정한 자유는 그대의 삶속에 있으며

그대의 천국이든 지옥이든 그대가 스스로 만드는 것일지니 그대의 영혼이 그대와 연결되어 있다는 생각은 영화 속에서만 있을지라

그는 지금 그대의 육체 속을 지나고 있나니 진리에 몸을 뉘이라 눈을 바로 뜨고

오직 향상일로向上一路only one way이노니

그대여 고집멸도苦集滅道의 공식을 습득할지니

왜 집集이 핵심이며 멸滅이 날개인가를 볼지라

고苦가 쌓이고 쌓여 집착執着이 되고 그것이 그대를 번민과 고뇌에 빠지게 하나니

그것을 붓다는 갈애渴愛라 했으니 목마르며 애타게 찾는 바로 그대여라

그대 마음을 괴롭히는 모든 것이 그것이라

알았는가 그대여, 왜 집集이 생기며 어떻게 멸滅에 이르는지

오 그대여

상처받지 않으려고 단단한 외피에 그대를 숨기었는가

그래서 그대는 돈이나 지위, 감각적 쾌락, 알코올과 약물, 그리고 섹스에서 만족을 구하였는가. 그대는 너무 겁이 많고 소심해서 마음을 열어놓지도 못하였는가

그렇다면 그대여 그것들을 분명히 보라. 그것을 분명하게 보고 이해하는 것이 집착을 극복하는 유일한 길일지라.

어느 사람이 여행을 시작했다.

도시의 여기저기를 다니며 구경을 하다가 야채를 파는 가게에 이르렀다. 그가 구경을 하는 동안 많은 사람들이 야채가게에서 고추를 사고 있었다. 사람들은 고추를 매우 좋아하지만 조금씩만 음식과 함께 먹는다. 그는 고추가 맛있을 것이라며 작은 소쿠리 하나를 사서 그늘진 나무 밑에서 먹기 시작했다. 하지만 그가 고추를 한 입 깨물어 먹자 입에는 불이 날 듯하고 눈물과 콧물이 줄줄 흘러내리기 시작했다. 그는 고통을 계속 참아가며 먹었으면서도 이번 고추는 앞에 고추보다 맛

있을 거라고 희망을 버리지 않았다.

지금 이 순간에 그대의 입에서는 불이 나고 있고 눈에는 눈물이 쏟아지고 코에는 콧물이 계속 흘러내리고 있다. 다른 사람들이 고추를 먹는다고 그대도 먹고 있는 것이 지금 아니던가. 이것이 그대들이 살아가는 삶의 방식이 아니던가.

그대여 알아차렸는가
그대는 문젯거리들을 샀고
그것이 몹시 맵다는 것을 알아도 계속해서 먹고 있나니
그대가 즐기는 것은 그대에게 참 기쁨을 주는가
그대여 아니면 무미건조함과 매운 맛만 주는가
그대여 그렇다면 그대가 정말로 얻는 것은 무엇인가
그대가 감각을 즐기는가, 감각들이 그대를 즐기는가
그것이 문제로다.

그대여 바로보라
그대의 헛된 욕망들이 충족을 추구하는 동안 시간은 그대를 갉아먹고 있나니 확장된 것은 오직 그대의 욕망이라
이 세상에 그대가 무엇을 가지고 있든 그대는 언제나 더 많은 것을 원하노니
마치 한 잔을 마시며 또 한 잔을 원하듯이

바깥세상의 모든 즐거움은 일시적인 것일지니 알아차리라.

그대여 아는가
'부활의 자녀요, 하나님의 자녀'라는 성경의 말씀을
망상과 무명과 갈애로부터 벗어남이 하나님의 자녀일지니
그대여 환幻의 허깨비로부터 탈출할 지도를 만들지라

'이뿐 아니라 너희와 우리 사이에 큰 구렁이가 끼어 있어
여기서 너희에게 건너 갈 수 없고 거기서 우리에게 건너 올 수
도 없게 하였느니라' (누가복음 16:26)

그대여 그 허물을 벗지 않고는 집착과 갈애의 바다를 건널
수 없느니라
그대여 무엇이 그대의 마음을 편치 않게 하는가
보아라, 그것은 원치 않는 것을 가지고 있으며 가지고 있지
않은 것을 원하기 때문이라

그대 스스로 인위적으로 강요한 사랑과 동정, 만족과 겸손
의 마스크를 썼는가
이런 사랑과 겸손 뒤에는 증오와 두려움, 자만심이 있나니
증오와 탐욕, 자만심을 있는 그대로 보라. 철저히 보면 철저히

제거할 수 있나니

그대여 혹시 다른 사람이 그대에게 친절하게 대해주었으면 하는 기대를 가지고서 다른 사람에게 친절을 베푸는가 아니면 그대 스스로 행복하고 평화로워지고 싶어서인가

친절함과 자애로움은 내 스스로 행복하고 평화로워지고 싶어서 다른 사람의 가슴에도 전염되도록 하는 기원이다

그러므로 친절과 자비는 사람들의 가슴을 여는 열쇠이니 그대를 완성하라.

또한 그대여

그대는 즐거운 것을 원하고 고통스러운 것을 원치 않고 있는가?

그것은 기억에 이끌려 즐거운 것을 추구하여 불쾌한 것을 회피해온 습관 때문이라

그대여 자리에 앉아 고요함 속으로 들어가 알아차려라

대부분의 사람들이 이기적이고, 사려 깊지 못하고, 어리석고 자만하고, 질투심 많은 세상 속에서 살고 있나니 그래서 그대는 사람들과 접촉하는 데서 상처와 고통을 받고 왼쪽 날개와 오른쪽 날개로 세상을 날아오르다가 다시 그 날개가 그

대의 본성을 가리고 황금박쥐처럼 두꺼운 외투 속에 숨었나니 그대여 다시 사람들에 대한 깊은 이해와 관용을 베풀지니 그대가 붓다이다.

이기적이고
사려 깊지 못하며
어리석고 자만하고 질투심 많은 이 세상 속에서 그대여 그만 나오라
안으로 잠겨 진 자물쇠를 풀고서

그대여 다시 앉으라
육체적 쾌락은 모두 하나의 도구를 필요로 하나니
모두 물질적이며 지치고 닳아지고 마나니
또한 그것들은 강도强度intensity가 끊어지지 않고 오래도록 계속되거나 유지되어 가는 지속성持續性persistence의 한계를 지니고 있음이오

그대가 느끼는 모든 쾌락의 배경은 고통이었음을 아는가
그대가 고통을 받고 있기에 쾌락을 원하게 되고 결국은 그 쾌락이 고통의 원인이 되는 악순환의 수레바퀴에 타게 될 것이라

그대여 바라볼 지어라

루비를 찾고 있는 사람은 다이아몬드를 보지 못하나니 다이아몬드는 색깔이 없기 때문이요 광채를 보지 못함이라

그대여 진실로 내가 이르노니

즐거운 것은 결코 지속되지 않으며 다시 지루함이 그대 어깨위에 가득 내려앉아 새로운 즐거움을 찾게 되리니 곧 어둠처럼 고통이 찾아와 맞이하게 될 것이라

바로 이것이 고통을 느끼는 모든 쾌락의 배경이니라

알겠는가 미친 중생이여

이제 다시 정신 차리고 앉아 알아차리라.

이 생生에서 진정으로 그대가 원하는 것이 무엇인지 그대의 마음을 깊이 이해할 수 있는 시간이 필요하지 아니한가 그리고 또한 그것이 그대와 타인들에게 어떻게 작용하는지 알아차리라

왜냐하면 그것이 바로 그 혼돈에서 벗어나는 길이기 때문일지니

그대여 그러므로 이 세상 어떤 것도 영구불변한 것이 없나

니 그대를 빛내는 기념물과 명예도 모두 욕망이나니 오직 그
대의 자신에게 하나의 기념물을 지은 것일지니

　그대여 그렇다면 이것도 보았는가
　삶의 풍요로운 샘물이 그대 옆에 넘쳐나는 도다
　그대는 왜 신이라고 이름 붙여진 돌덩어리 앞에 무릎을 꿇
고 있는가
　그대여 일어설지니 그대가 바로 붓다임을 깨닫고 알아차
린 자 되라.

　그대에게 진실로 다시 말하노니 들으라
　그대를 사랑하는 신은 그대 안에 있나니, 그대는 누구이고
신은 누구인가

　그대여 앉으라
　모든 것은 닳아 없어지며 고장 나고 해체되며 그대가 짓는
땅도 무너지나니
　지적知的인 것이나 언어상의 모든 것도 역시 또한 찰나적이
며 아울러서 그대의 팔팔하던 몸도 그러하리라
　오직 그대 안의 깊은 곳에 존재하는 참 나만이 영구적이니
알아차리라.

그대여 그것은

그대가 죽었다고 더 이상 말할 수 없는 것처럼

태어나기 전에도 그대가 없었다고 말 할 수 없는 것처럼

그러므로 그대여 허상이 아닌 지구복을 빌려 입은 그대가

'참 나'의 본래진면목本來眞面目이니 철저히 볼지라

그렇지 않으면 쥐가 찍찍거리는 것과 같고 새가 조잘거리
는 것과 같지 아니한가 마치 진흙 속에 묻혀 있는 진주와 같
아 캐내어 닦지 않으면 돌이 아니고 무엇이랴

오 나의 붓다시여

지금 그대가 딛고 선 그곳이 본래부터 극락이요

지금의 그대가 처음부터 붓다였어라

그러니 그대여 착한 일 한다고 극락가고 천당에 간다는 것
은 모두 허튼소리일지라

그대여 진리의 눈을 번쩍 뜰 지어라

보았는가 그대여

본래부터 붓다는 어느 날 문득 생긴 것도 아니고 또 어느
날 없어질 것도 아니라

그냥 그대로 우주의 시작부터 우주의 한량없는 미래까지
존재할 것이라

그대여 다시 알아차리라

어느 누가 깨닫고 붓다의 자리에 앉았다는 것은

중생이 변하여 붓다가 된 것이 아니라

본래부터 자신 가운데 머물고 있는 붓다를 회복했을 뿐
이니

그대여 이것을 미루지 말지라

초발심初發心 때에 곧 바로 깨달음으로 가라

알아차림으로 가라

그대여 조금도 뒤섞임 없이 분별하게 될 것이라

그대여 바르게 보았는가

그것과 마찬가지로 잠들었을 때도 그대가 없다고 말하지
못하노니 그것은 깨어있을 때조차 모두 기억을 못하지 않던가

그러나 그대여 기억을 하지 못할 뿐 의식이 없었다고 말하
지 못하며 기억의 단절이 기억에 단절이 있는 것은 아니니 이
것이 무엇이느뇨

또한 그대여 아는가

자각몽은 무엇이느뇨

꿈의 세계를 모두 글로 적어낼 수 있나니

영구성이나 지속성이라는 것도 시간의 작용에서 생겨난

하나의 관념일 뿐 시간은 기억에 의존하지 않던가

그대가 말하는 영구성은 끝없는 시간 동안 사라지지 않는 기억을 말하지 않는가

기억하라 그대여

마음을 영원한 것으로 만들 수 없나니 찰나적인 것을 영원한 것으로 만들 수 없는 것처럼

그대여 오직 변치 않는 것만이 영원하나니

'참 나'의 평안을 구하여 앎과 실천이 일치되는 삶을 살지니 마음에서 요동치는 모든 것에 초연하여 올바르게 바라보고 벗어날지라

진정한 지혜는 고요함 속에 있나니 그대의 문제를 진정으로 해결하고 싶다면 그곳으로 성큼 들어갈지라

그러니 그대여 앉으라

무지無智와 부주의로 그물을 빠져나온 감정의 파편들을 바라보며 흘려보내고 오직 깨끗한 마음과 깨끗한 가슴을 추구하여 얻는 것이 진정으로 그대의 성품을 탐구하는 것이오

평안을 이루는 유일한 길이며 그대에게 필요한 전부이니라.

2

비어 있음

.

권태, 분노, 슬픔, 공포는
그대가 아니다
가고 오는 것이다

그대여 그대가 가지고 있는 욕망의 실체를 보았는가.

그대여 그대의 욕망은 빵이든가, 람보르기니든가, 아니면
아름다움이던가?

그대여 바르게 보아라 식욕과 성욕과 수면욕에 대하여

어느 날 다섯 명의 왕들이 모여 파티를 벌였다

그들은 너무나도 당연하게 미녀들을 끼고 환락 속에 빠져
있었나니

한 왕이 이렇게 말했다

'이 세상에서 가장 즐거운 것은 무엇일까'

한 왕이 대답했다

'색色이 모든 욕망의 첫째다'

색色은 눈으로 보는 사물을 말하는데 즉 '아름다운 것을

바라보는 것이 즐겁다'라는 말이다

두 번째 왕이 말했다.
'아니다 성聲이 모든 욕망의 첫째다'

성聲은 소리를 뜻한다
'아름다운 소리를 듣는 것이 가장 즐겁다'는 뜻이다.

세 번째로 어떤 왕이 말했다.
'향香이 모든 욕망의 첫째다'

네 번째 또 다른 왕이 말했다.
'아니다 미味가 욕망의 첫째다'

다섯 번째 왕이 말했다.
'촉觸이 욕망의 첫째다'

결론이 나지 않자 다섯 왕들은 붓다를 찾아 갔다
왕들의 이야기를 들은 붓다는 이렇게 말했다
'왕들이시여, 욕망의 첫째는 모든 것을 알맞고 적당하게 취하는 것입니다.'

그렇다 그대여

이 세상에서 가장 중요한 것은 중도中道이니 한쪽으로 치우치지 않는 것이라 식욕과 성욕과 수면욕도 적당한 중도를 택하는 것일지니

알아차리라 그대여 욕망이 갈망이 되고 집착이 되어 그대를 번민의 바다에 빠트리나니 세상에 널린 고통들을 자각하고 참 나의 눈으로 보아 그 모든 고통이 그대가 스스로 만든 것임을

그러니 그 정신적 기질인 세 가지 속성Guna을 보아 깊고 바르게 알아차리라

그것은 사트바Sattva와 라자스Rajas와 타마스Tamas라.

그대여 진정한 자유로 가는 문을 열어라

세 가지 열쇠가 여기 있나니 '비어있음Emptiness'과 '모양없음Signlessness'과 '목적없음Aimlessness'이라

이 열쇠가 그대가 가지고 있는 세 가지 잘못된 견해見解로부터 해방을 맞게 할지니

'비어 있음'은 가득 차 있으나 독립된 그대의 자아가 들어있지 않음이오

'모양 없음'은 무상無相이니 '나는 나의 몸이다'라는 생각이라

붓다는 형태가 있는 곳에 망상illusion이 있다했으니 외형에 현혹되지 말지라

'목적 없음'은 무원無願이니 그대가 찾는 행복이나 천국이나 사랑과 같은 것은 밖에 있지 않고 이미 그대 안에 있다는 자각을 하는 것이라

현재의 이 순간만이 그대가 바라는 모든 것을 찾을 수 있으며, 그대가 되고자 하는 모든 것이니 보았는가

그대여 앉으라
그대가 아닌 모든 것을 보았는가.
그대는 이미 본래의 그대what you are, 이미 그것이니
그대는 본래의 그대이고 그것이 전부로세

어떠한가, 너무 간단한가?
원래 위대한 것은 간단하나니 '지구는 둥글다'처럼

그대여 그대 가슴에 갈망과 열망이 남아있는가
그대여 그대 가슴에 공허함이 남아있는가
그대는 살아가고 있지만 진실로 살아 있음을 느끼지 못하

는가

그대여 그것이 무엇인가, 그대를 이것과 저것으로 갈라놓는 것이

그것은 본래의 나를 잃었기 때문이라네, 단지 그것을 잃었기 때문

그대는 이제 울부짖으리라

그대 삶이 얼마나 거짓이었던가, 낭비되었던가를, 얼마나 무의미했던가를

그대여 다시 앉으시게

진정한 인간이 되기 위해선 오직 고요하게 앉아 바르게 볼지라.

그대여 아직도 욕망으로 가득 차있고 그것을 충족시키고 싶은가

그것이 충족되지 않은 것은 충분히 강하지 않으며 지속되지 않기 때문이다

또한 그대의 욕망이 분명하지 않고 강하지도 않으면 형태마저 취할 수 없음이니 더구나 그것이 사적인 것이라면 에너지는 한정되어 있으리라

그대여 보고 들으라

그대가 지각知覺perceive할 수 있는 세계는 아주 작은 세계이며, 또한 사적私敵private world이고 관념 또한 그러하나니

그대를 일부분으로 포함하는 하나의 전체성을 만들어내는 것도 그대 아니던가 또한 그것을 상상과 기대로써 멋지게 치장한다하더라도

그러므로 그대여

지각은 상상이며 지각은 인식이고 지각은 기억의 문제이니 지각과 상상과 기대와 예상과 환상은 모두 기억을 바탕으로 한 것이니

서로의 경계선도 없고 또한 그것들은 그냥 합쳐지지만 모두 기억에서 반응한 것들이라

그대여 측은 하도다

아직도 욕망으로 가득 차있고 그것을 충족시키고 싶은가

그러니 알아차리라

그대가 아직 참 나를 보지 못했다면 그대 가슴에 매듭들을 꿰뚫고 마음의 오물을 씻어내지 못했다면 그대를 어찌 참 나의 인간이라 하겠는가

오 그대여

그대는 참 나의 의견이 아닌 남의 의견을 가지고 있어라

그대의 마음속에는 어떤 공간도 남아 있지 않아서 순수
한 의견을 받아들이지 못하여라, 그것이 로봇이 아니고 무엇
이랴.

그러니 그대여 앉으라

그대가 다음 생에 또 지구복을 입겠는가

그러므로 그대여 지금 여기가 소중하며 그대의 사원 안에
참 나의 모습을 바라보라

그대의 생각이 만들어 낸 감옥에 갇히지 말지니 그것은 생
각은 작은 일부분이기 때문이다

또한 생각은 그대의 삶을 아주 작게 축소시키고 마나니
그대 존재의 심연에 자리한 지혜를 보았는가

그것에 전념하라

분리된 전념은 그대가 만들어낸 개념적 사고의 장벽을 너
머서 너와 나로 나뉜 것들을 어루만지리니

다시 보라, 그대여

충동적으로 생각에 잠길 때마다 그대는 현실을 외면하는

것이니 근원적 어리석음은 '나는 = 생각'이라는 공식이노니

그대가 진정으로 사랑하지 않는 어떤 일도 하지말지라, 의무

감으로 누구를 기쁘게 하기 위해, 싫은 마음으로 어쩔 수 없

이 할 시간이 없나니

그대여 알아차렸는가

사람들의 어리석음에 대하여 너무 많은 이야기를 하고 있

다는 사실을

그것보다 그대의 내면으로 향해 바라볼지라 그대여 세상

을 바꾸려 하지 말라

붓다는 이렇게 말씀하셨다

바른 견해의 정견正見Right view은 도道의 시작이오 끝이라

바로 본다는 것은 있는 그대로 본다는 것이니 세상의 거울

이오

그대가 그대를 비추는 거울이라 최초의 가르침이자 가장

마지막 가르침이니

고귀한 여덟 겹의 길八正道Noble Eightfold Path이로다

허나 고요함 속으로 깊이 들어가면 그대를 비취었던 거울

이 사라지리라

깨달음은 생각에서 벗어나는 것이다

생각이라는 꿈에서 깨어나는 것이다

그대여 그대가 심심하거나 권태로울 때 영화를 보거나 티비를 보는가 아니면 맛있는 음식을 먹거나 쇼핑을 하는가, 낚시를 가는가?

오 그대여

심심하거나 권태로운 사람은 그대의 본 모습이 아니다.

다만 권태는 내부의 에너지가 습관적으로 움직이는 것일 뿐 슬픈 사람도 두려운 사람도 그대가 아니요, 권태와 분노 슬픔과 공포도 그대가 아니다. 그것은 그냥 가고 오는 것이다

알아차릴지니 그대여

본래의 그대가 되기 위해 시간이 필요한 것이 아니다

오직 깨닫는 그 순간까지의 시간이 필요할 뿐

그대가 죽어 육체가 썩은 다음에

그대의 영혼이 신과 만난다고 생각하는가?

그리고 죽은 뒤에 자유를 얻고 싶은가?

모두가 그러지 않던가 '영면에 드시옵소서'라고

그대여 지금 자유로워라

아, 미친 중생들이여

그대는 욕망과 두려움의 바다에서

몹시도 방랑하였나니

이곳에서 꽃을 구경하고 저곳에서 열매를 따며

셀 수 없이 헤매었어라

허나 남은 것은 오직 피로뿐이었구나

그러니 그대여 이제는 멈추고 보라

그대의 무한한 내면의 푸르디푸른 생명의 창공을

그곳에서 행복은 오직 그대 안에서만 발견될 수 있다는
것을

오 그대여 알아차리라

그대가 참 나를 알아야만 비로소 타인을 알 수 있다는 것
을 자기가 누구인지 모르고 어찌 타인을 알며 행복의 길로 가
겠는가

인간성에 대한 참된 이해로 자신을 볼 때

그대는 모든 사람들 안에서도 같은 불성佛性Buddha을 볼
것이며

그때 비로소 이 세상의 모든 사람이 붓다라는 것을 알아

차리리니.

한 제자가 스승에게 물었다.
'인간의 존재가치는 얼마나 될까요'
스승이 대답했다.
'내일 다시오면 알려주겠노라'
다음날 제자가 다시 찾아오자 스승은 제자에게 다이아몬드 하나를 주면서 이렇게 말했다.
'이것을 시장에 가지고 가서 값이 얼마나 되는지 알아만 보고 오너라'

제자는 다이아몬드를 들고 가서 과일 파는 상인에게 물었다
'이 다이아몬드 값으로 얼마나 줄 수 있나요'
그러자 상인은 '오렌지 두 개를 주겠소'라고 대답했다

다음에는 감자를 파는 상인에게 가니 '감자 4킬로를 주겠소'라고 대답했다.
그 뒤 평범한 보석 상인을 찾아가 물었다
그 사람은 '백 달러를 주겠소'했다
마지막으로 제자는 그 도시에서 가장 크고 좋은 금 세공인

을 찾아가서 그 다이아몬드의 가격을 물었다

　그 사람은 손바닥에 올려놓고 요리저리 관찰하더니 말했다

'오 손님이시여, 이 다이아몬드를 팔 수 없습니다. 너무 귀
해서 값을 매길 수 없기 때문입니다'

　제자는 다이아몬드를 들고 스승에게 돌아와 지금까지 있
었던 일을 말했다

　그러자 스승은 이렇게 말했다

'인간은 자신을 오렌지 두 개나 감자 4킬로에 팔수도 있지
만 자기가 원한다면 값을 매길 수 없을 만큼 귀하게 만들 수
있도다

　그러니 그대여 어서보라, 금강金剛의 벼락이 치는 도다

　그대 가슴 깊은 곳에 번쩍이는 그 큰 다이아몬드를

　그러니 그대여 앉으라

　미친 중생이며, 망각하는 자여 알아차려라

　인간의 육체는 값을 매길 수조차 없는 다이아몬드니 그것
을 함부로 대하거나 죽음으로 버리지 말라

　어찌 깨닫지 않으면 버리는 것과 무엇이 다르랴.

그대여

화가 에드바르트 뭉크의 「상속」을 보았는가

아니면 「절규」를 보았는가.

이제 그 상속相續-inheritance을 끊으라

언제까지 그 끈을 자를 것인가, 대답하고 약속할지니

그대여

그대가 만든 소설을 읽어 보았는가

한센병에 걸려 종을 치며 도시를 건너는 사람도 보았는가

페스트에 걸린 환자를 찾아가 자기의 용맹함을 보여주는

나폴레옹도 그대이노라

그대여 소설 같은 그대의 자아상을 보았는가

나라고 믿는 자아상을 뒷받침하고 있는 것은 무엇인가

그대의 에고는 자신이 홀로 분리된 존재라고 생각하며 이

것과 저것이 대립하고 나투어서 이것은 '나'이고 저것은 '내가

아니다'라고 하지 않는가.

알아차렸는가

'불평과 대립'은 스스로 키운 것이 에고라는 것을

알아차렸는가

'화'가 에고의 작용이라는 것을

알아차렸는가

'틀린 쪽은 다른 사람이며 옳은 쪽은 내가되어' 우월감을 느끼며 그것을 자양분 삼아 에고가 커진다는 것을

에고가 삶의 주인으로 들어서면

그대의 삶의 목적은 수단으로 변하나니

그것은 깨어있는 삶이 아닐지라

'화'는 단지 하나의 자연현상일 뿐이노니 그것은 실체가 없으며 무아인 자연현상으로 보게 될 것이리.

그대는 제대로 보았는가

그대가 가진 최고의 마법사를

그대의 욕심이라는 마법사가 즐거운 느낌을 불러내는 마음의 레시피를 보았는가

마음은 욕심에 속아 그것을 마법사라고 보지 못하고 '나'라고 보게 되는 실수를 습관적으로 하나니

그대여 마음은 교묘한 것이다

마음은 변화와 무언가 다른 변화를 원하노니 그것은 다름 아닌 오락이나 자극적인 것을 갈망할지니 그 뒤에는 권태가 자리하고 있어라

그러나 그대여 두려워 말라

그것들을 분명하게 바라볼 뿐 몰아내려고 하지말지라, 그저 분명히 보라

그것이 그대의 중요한 할 일이노니

그대여 실패는 삶의 필수불가결한 것이 아니던가

아바타avatar는 실체가 없이 욕망만 있을 뿐 슬퍼도 서러워할 필요도 없나니

욕망만 있는 몸도 마음도 아바타avatar이노니

그러니 그대여 다시 앉으라

그대의 지난 과거를 보라

그대의 삶을 통하여 피해의식이 생기고 원망과 불만이 커지지 않았든가

아니면 당하고만 살았다는 생각이 자리하고 있는가

그대여 그렇다면 그것으로 만든 감옥에 그대는 갇히고 있나니

그런 마음이 그대에게 무슨 짓을 하고 있으며 그 이야기를

쉼 없이 해대며 생각을 만들어내며 말하는 그대를 보라

    그대여 에고가 그대를 지배한다면 그대의 자아는 둘로 갈라져 대립되어 있나니 결국은 그것의 이런 것이 나이고, 저런 것은 아니라하고, 그것을 증명하려는 질투가 그대를 지배하리니 알아차리시게

    그대여 보았는가
    스스로 초라한 에고는 뒤에서 질투가 밀고 남에게 대립하고 '나'가 존재하며 남들과 대립하는 우리들이 눈을 흘기며 서있는 도다
    그러니 그대여 겸손해지려는 노력도 헛된 것이라 그것은 강요된 겸손일 뿐이니 오직 그 자만을 바로 볼지라

    알았는가 그대여, 다른 것은 하나도 중요치 않다
    오직 그대의 내면으로 향하여 그대가'참 나'가 아닌 것만을 볼지니 그때 자유가 춤을 추리라

지질시간

야훼가 진흙에 숨을 불어 넣어 창조한 인간 기호-아담
Adam

로마인들의 흙이라는 뜻으로 부른 인간 기호-호모Homo

불가佛家에서 인간은 대지로 돌아가 적정寂靜을 얻는 존재
라는 뜻으로 기록한 열반涅槃 기호-니르바나Nirvana

흙의 인간이 문명 기호로 쓴 지구 양피지에는 「천일야화
千一夜話」같은 이야기들이 있다

B.C 1만 년전 충적세의 온화함 속에서 인류는 신석기 농업
혁명을 시작했다는 기록

잉여농산물이 도시를 만들고 왕과 군대와 관료와 세금과
정복전쟁과 노예를 만들어서 인류 불평등이 시작되었다는
기록

마약과 술이 인간 뇌를 자극해 진화의 오랜 잠 속에 갇혀

있던 꿈의 의식-에고ego가 「잠자는 숲 속의 공주」처럼 깨어나
고 인류는 세상의 영토를 기호와 숫자의 지도에 가두기 시작
했다는 기록

종교와 예술과 과학의 가상과 가설들이 팽창을 시작해서
밈meme 스토리들이 유전자 DNA처럼 대대손손 인간 뇌에서
떠돌아다녔다는 기록

자본과 기술이 인간세를 축복해서 70억 인구가 하늘의
별처럼, 일억 가지의 상품이 바닷가 모래알처럼 넘쳐났다는
기록

세계 열방에서 생산된 식품이 입맛에 맞춘 종류대로, 세계
의 디자이너들이 재단한 옷이 패션에 따른 종류대로, 화물선
과 수송기로 나라의 항구와 공항마다 도착했다는 기록

인간의 호기심이 컴퓨터와 휴대폰과 게임기를 제조하였으
니 역사 이래 모든 지식과 재화에 대한 관리정보가 마이크로
칩의 메모리로 들어갔다는 기록

지상에서는 도로와 철도가 문명의 동맥과 정맥처럼, 하늘
에서는 구글 검색 네트워크가 문화의 거미줄처럼 뻗어나갔다
는 기록

문명의 특이점에서 딥러닝deep learning으로 무장한 AI-알
파고AlphaGo 제로가 출현하였는데 이로부터 시작된 기계 문
명의 창세創世가 빛의 속도로 굴러갔다는 기록

호모 에렉투스Erectus-흙으로 돌아가 일부 뼈만 남았다

호모 사피엔스sapiens- 네안데브탈렌시스는 멸종하고 호모 사피엔스 사피엔스는 크로마뇽인과 북경원인으로 갈려 유전자를 전달했으나 모두 흙으로 돌아갔다

호모 파베르Faber-도시와 문명을 건축했던 도구 인간도 흙으로 돌아갔다

호모 루덴스Ludens-놀이하는 인간도 흙으로 돌아갔다

호모 데우스deus-전지전능의 과학 지식과 기술 능력으로 스스로 신의 위치에 오른 인간도 흙으로 돌아갔다

세상의 모든 인류가 가이아Gaia여신-칼리Kali의 집으로 귀환했다

시인 김백겸

1983년 서울신문 신춘문예 「기상예보」로 등단. 시집으로 『거울아 거울아』 등과 시론집으로 『시의 시뮬라크르와 실재實在라는 광원』 등이 있음.

그대여 다시 앉으라
내면에 들어가
참 나와 다시 결합할지니

그대여 그대의 욕망은 무엇인가
그대여 그대의 욕망은 어디에 있는가
그대의 욕망은 강물에 떠내려가는 통나무이노니

그대여 아는가
그대는 그대가 감각의 쾌락을 즐기고 있다고 생각했을지니
하지만 오히려 감각들이 그대를 즐기고 있음을 깨닫지 못
했어라
그대는 그대가 시간을 쓰고 있다고 생각했을지니
하지만 오히려 시간이 그대를 쓰고 있음을 깨닫지 못했
어라
그대여 그대의 삶을 바로보라.

그대가 무엇을 얻었거나 어떤 사람이 되거나

중요한 지위에 오르거나 혹은 즐거운 느낌 속에 있는 것과

감각적인 쾌락에 행복이 있다고 생각하는 것을 바라보았
을 때

서서히 가라앉기 시작하나니 그 실체가 바로 그대일지니

그대여 이제야 바라보았는가

그 힘이 바로 자각이고 생명의 신이며 참 나라는 것을

그것은 존재하는 모든 것의 토대이자 궁극적인 지지물이
며 불가사의한 힘이나니

마치 황금이 모든 금장식들의 기초이듯이

그대여 알아차렸는가

휘황찬란한 금장식들로 이름 붙여진 이름들과 형상을 없
애버리고 나면 본래의 금빛깔이 드러나노니

그것이 바로 그것들이 만들어내는 모든 욕망과 공포에서
벗어나는 평화롭고 행복한 문으로 들어가는 길이라는 것을

하지만 그대여

마음을 평안하게 해주는 숲으로 들어가라

마음을 평안하게 해주는 시詩들은 어떠한가

숲에서 나무 한 그루, 돌 하나에 온 마음을 둔다는 것은

그것들을 온전히 지각하고

그대의 맑은 마음속에 온전히 두는 것이라.

꽃 한 송이가 주는 고요함과 평화로움을 보아라

얼마나 위대한 자연의 선물인가

몸 바쳐 쓴 시인의 싯귀들은 또한 어떠한가

그로인해 생겨나 두루 퍼지는 그것들의 온전함은

그대에게 위로와 평화를 주는 선물일지니

'오동나무로 만든 악기는 천년을 묵어도 자기 곡조를 간직
하고

매화는 일생을 추위도 그 향을 팔지 않는다

달은 천 번을 이지러져도 본바탕은 변치 않으며

버드나무 가지는 백번 꺾여도 새 가지가 돋아난다.'

-신흠-

부디 그대도 그러할지라.

묻노니 그대의 나이를 아는가

그대의 이름도 기억하고 있는가

그대여 다시 묻노니

그대는 외출을 했다가 집으로 돌아갈 때에 길을 잊지 않고 찾아갈 수 있는가

그대에게 또 다시 묻는다
그대가 매일 먹는 밥에 밥알이 몇 개인지 아는가
아니면 자기가 어떤 말을 누구에게 어떻게 했으며 그 사람의 말은 제대로 들었는가

마지막으로 묻는다
그대가 운전하는 자동차에 주행거리는 얼마이고 연료는 얼마나 남았는가
그대가 자동차를 몰고 갈 때 목적지는 누가 정하는가
그 비싼 자동차의 주인이 그대인가
그 멋진 옷의 주인이 그대인가
그 비싸고 멋지다고 생각하는 명품 가방 주인이 그대인가

틀림없이 맞는가
이 모든 것이 그대가 이름붙인 인격의 실체인가
무엇이, 어떤 것이 그대의 삶인가
그렇다면 정상적인 삶은 무엇인가

그대여 혹시

욕망과 두려움에 사로잡혀 있으며 갈등과 투쟁으로 가득
차 있으며

의미도 없고 기쁨도 없는 그 삶속에서 헐떡이며 숨 쉬고 있
는 것이

그대의 삶인가

들으라 그대여

인격이란 단지 실재의 한 반영일 뿐이니 문제를 바르게
보라

그대마저 지구복을 입은 아바타가 아니던가

그대는 단지 실재의 한 그림자일 뿐 실재가 아니노니

그것은 꿈속의 세상과 지금보고 있는 세상 가운데 어느 쪽
이 진짜인지 묻는 것과 같나니

아주 먼 옛날의 이야기가 이렇게 전해진다

"젊고 튼튼하며 뜨거운 피가 용솟음치는 꿀벌이 있었는데
행복에 도취되어 이 꽃에서 저 꽃으로 날아다니며 꿀을 빨아
먹고 있었다. 그 벌은 곧 날이 어두워지고 돌아가야 한다는
것을 잊고서 집에서 너무 멀리 벗어나고 있었다. 그는 막 연꽃
속으로 들어갔을 때 해가 졌고 연꽃잎은 닫히고 말았다. 하지

만 그는 날카로운 침과 강한 이빨을 가지고 있어서 쉽게 연꽃잎을 뚫고 빠져 나갈 수 있었다. 하지만 그는 꿀에 도취되어있었다. 그러면서 생각했다.

'오늘밤은 여기서 꿀을 먹고 지내고 내일 아침에 집으로 가서 아내와 친구들을 데리고 와 연꽃꿀 축제를 열어야 되겠네. 그러면 모두들 고마워할 거야'

곧 깜깜한 밤이 되었는데 젊은 코끼리 한 마리가 무엇에 흥분해 있었다. 코끼리는 이리저리 미친 듯 뛰어다니며 나무도 잡아채고 식물들도 마구잡이로 입속으로 쑤셔 넣고 있었다. 그러다가 꿀벌이 즐기고 있는 연못으로 와서 연꽃들을 뜯어 먹기 시작했다.

꿀벌은 아무것도 모른 채 계속 꿀을 빨아먹으면서 '아내를 데리고 와야지, 친구도 데리고 와야지'라고 생각하고 있었다. 그때 갑자기 씹는 소리가 크게 들렸다.

'으악 나 죽네 나 죽어'

꿀벌의 모든 계획은 연못 안에 남았다. 그의 사랑하는 아내와 모든 친구들은 여전히 집에 남았다. 그리고 꿀벌은 코끼리 입 속에 있었다."

그대는 지금 어디에 머무는가

그 꿀벌처럼 그대는 이 세상 안에서 자꾸자꾸 더 멀리 떠나면서 우리가 점점 발전하고 있다고 생각하지만 그대는 그대의 근원으로부터 점점 멀어지고 있다는 사실을 깨닫지 못하고 있지 않은가. 날마다 죽음의 코끼리가 점점 다가오고 있지만 그대는 코끼리의 발자국소리를 듣지 못한다.

그대여 들으라

그대는 이 세상을 지나는 여행자와 같나니 재산을 모으고 명예를 자랑하지만 이곳을 떠날 때 그대는 아무것도 가져가지 못하나니

그대는 이 세상에 주먹을 꽉 움켜쥐고 이 세상에 왔지만 세상을 떠날 때 그대의 손은 열릴 것이라

다시 말하노니

이 세상의 모든 것은 변하고 또 변하나니, 젊음은 나이 들고, 건강은 병들고, 아름다움은 변하지 않던가

또한 그대여

강대했던 모든 제국들, 그대들이 세운 모든 기념비들, 모든 도시가 무너지지 않았든가, 그리고 위대한 왕들과 지도자들은 어디에 있었고 어디로 갔는가.

오로지 내면의 참 된 의식만이 영원할 것이라

그대여 알아차렸는가 그 실재와 그 실상에 대하여

깨어있는 상태도 꿈의 상태도 실재도 실상도 아니라는 것을

그것은 깨어있을 때는 꿈의 세상이 존재하지 않는 존재인 것처럼

마치 꿈을 꿀 때에는 깨어있는 세상이 존재하지 않는 것처럼

지금 앉아 명상하지 않는다면 그대가 얻을 수 있는 유일한 것은 죽음뿐이리니

집에 불이 난 뒤 우물을 판들 무슨 소용이랴

그대의 육체가 건강하고 튼튼할 때, 감각기능들이 멀쩡할 때

자신을 위하여 무엇인가를 하여야하리

그대여 왜 기다리는가, 참 나를 명상하고 지금 그것을 얻을지니

그대는 먹고 마시고 죽기 위해서 태어나지 않았음으로 해서.

그대여 묻노니

그대의 인격은 무엇이고 자아상은 무엇인가

친구를 만나 대할 때 우월감이나 열등감이 미묘하게 느껴지는가

그때 그대는 타인과 비교를 통해 살아가는 욕망과 열등감에 가득한 에고를 보지 못하였는가

거기에 '나'가 있으며 '남'이 있으며 대립하는 그대를 보았는가

그대여 한 부엌에서 은혜와 원수가 나는 까닭은 무엇이며 형제들 간에 원수가 되듯 사는 것이 무엇인가, 또한 그대의 접시위에 남겨진 음식을 보았는가

그러니 그대여 '산은 산이고 물은 물'인 까닭을 살펴봄이 어떠한가

그대여

내가 이르노니 분리하지 말라

그대를 우주의 나머지 것들과 분리되어 살 수 있는 존재라고 생각하는가

에고는 그대의 생존을 보장받기 위해 분리 상태를 계속 유지해야 한다 생각할지니

에고는 그렇게 사물이나 타인들과 대립해야 한다고 믿는

지라

　그대가 끝없이 기쁨과 사랑, 평안을 찾기 위해 노력하지만 설사 그것을 찾고 알아차렸다 해도 잠시 잠깐뿐이 유지하지 못하는 것은 말로는 사랑과 평안을 원한다 할 뿐 실은 불행에 중독된 타성과 습관에 젖어있기 때문이니 그것이 바로 그대 불행의 궁극적인 원인은 마음의 습관임으로 해서.

　그대여

　혹시 과거에 그대에게 있었던 일로 죄의식을 가지고 있는가

　그것은 그때의 의식수준이었으며 무의식 수준에 맞게 행동한 것이라 깨어난 순수의식이었다면 행동이 그렇지 않았을 것이다

　또한 에고는 그대에게 긍정이든 부정이든 상관없이 인류의 무의식이 저지른 것이라 그로인해 그대는 영원히 죄의식 속에 사노니 알아차리라

　그 짓거리는 지금도 폭력과 잔인한 파괴행위로 나타나며 과거의 오늘인 것이노니

　그러므로 인류 모두가 정신적 승화로 성장하여 그 사슬에서 벗어나야 하며

　그대가 지금 바로 그 앞에 설지니

이제 그만 헛된 백팔번뇌귀신놀이에서 벗어나야할지라

그러니 그대여 알아차리라

어떤 행위든 매순간 그것 자체로 보기에 좋았더라

그대는 더 이상 지금을 목적을 위한 수단으로 전락시키지
말라

그것은 에고만이 그렇게 하기 때문이나니

'그대나 잘 하세요'라는 말은 나의 완성이 먼저이며

내가 없으면 아무 문제도 없다는 뜻이다

오 그대여

어제 저녁의 파티는 어떠했는가

낮 동안 그대는 열심히 일하고, 많은 것을 모았는가

많은 친구들을 만나 행복하였는가 그리고 기억하는가

그대가 내뱉은 말 한마디 '아 피곤해'

낮 동안에 높은 자리에 오르거나 수백억의 돈을 번다해도

하루 일을 마칠 때 그대는 피곤함을 느끼게 되어라

이제 그대가 남은 것은 잠자는 것뿐이지 않던가

어쩌려는가

낮 동안 열심히 일하여 모은 모든 것이 아무 쓸모가 없도다

그대여 또한 사랑하는 사람들조차 원하지 않어라

오직 그대는 어두운 방에서 따스한 이불로 몸을 감싸나니

그대여 알아차렸는가

그대가 잠을 자는 동안 아무것도 먹지 않고

아무것도 하지 않고, 아무것도 사지 않고

어떤 즐거움도 없었지만 그대는 원기를 회복하지 않았던가

왜 몇 시간의 잠은 그대를 기운 차리게 하고

낮 동안 즐긴 활동은 그대를 피곤하게 하는가를

그대여 그대의 잠은 힘과 에너지의 진정한 근원이 밖이 아
니라 자기내면에 있다는 것을 알아차려야하리

그러니 그대여 다시 앉으라

그대의 내면에 들어가

그대의 우주 에너지kundalini(Sanskrit, 'coiled one')를 깨울지니

그대가 분리되어 나온 참 나와 다시 결합하는 것이라

그대의 자각은 환희의 춤을 추며 내면을 향할 것이며 즐거
움과 고통 너머에 있는 중심에 다다라 마침내 참 나의 자리에
앉게 될 것이라.

그대여 아는가

샤카무니 붓다께서도 사리자에게 세 번씩이나 말씀하셨나니 들으라

'마음은 번뇌disturbance이며 끊임없는 요동restleness이요 고요하거나 평안함은 일시적이니라.'

'마음은 번뇌disturbance이며 끊임없는 요동restleness이요 고요하거나 평안함은 일시적이니라.'

'마음은 번뇌disturbance이며 끊임없는 요동restleness이요 고요하거나 평안함은 일시적이니라.'

그대여 절대 마음의 고요함과 평안함을 믿지 말지니

그대의 마음이 아는 것은 오직 요동뿐이며

즐거운 것이 더 좋은 것으로 여겨지고 고통스러운 것은 폄하될지니

즐겁지 않은 것에서 즐거운 것으로의 변화만 있을 뿐이노라

그러니 그대여 바로보라

그대의 인격은 상상의 산물이요

그대의 자아는 그 상상의 희생물이네

그대가 아닌 것을 그대 자신으로 여기는 이 상상이 그대를 영원히 구속할지니

그것이 그대가 만든 것이 아니고 무엇이랴

그것이 그대가 만들어낸 확신에 의해 거짓된 실재성이 부여된 하나의 정신적인 그림일 뿐 그대의 참 나는 거기에 원래부터 없네. 더구나 그대여 시간이나 공간 안에서는 그것을 찾을 수 없나니 자아에 대한 참된 지식은 하나의 지식이 아니기 때문이리

그대여 왜냐하면

하나의 기억, 사고의 한 유형, 마음의 한 습관일 뿐 아니던가

또한 이 모든 것의 뒤에는 쾌락과 고통이라는 동기가 음흉하고 교묘하게 멋진 의자에 앉아 그대를 하찮게 바라보고 있지 않던가

그러니 그대여 그대 자신에 대해 정직하고 정직하며 또 정직할 지어라

고양이처럼
슬쩍 찾아오는
행복

그대여 1분은 육십 개의 1초가 모여 이루어졌고
삶의 하루는 여러 가지의 일들이 일어나는 여러 개의 순간
들로 이루어져 있다.
그러나 그대여 자세히 보라. 깊이 들여다보면 오직 한 순간
밖에 중요하지 않은가.

그러니 그대여 다시 앉으라
삶은 언제나 이 순간이라는 것을 인식할지니
그대의 삶에 큰 변화가 온다 해도 매우 분명한 한 가지는
지금 이 순간일 뿐

그대여 들리는가
대나무 숲속의 속삭임이
언어에 매달리지 않는 사람에게만 들리는

바로 그 소리

그대여 아는가

행복은 행복해지려고 노력하지 않을 때 슬쩍 찾아온다는 것을

마치 고양이가 부르지 않을 때 슬쩍 찾아오는 것처럼

잃었던 것을 다시 찾아보시게

나뭇가지를 스치는 바람소리와

나무와 새, 구름과 하늘, 일출과 일몰

그리고 달과 별들을

그대여 다시 앉으시게

알았는가 행복의 비밀에 대해서

진정한 행복은 만드는 것도 짜 맞추는 것도

소유할 수 있는 것도 아니라는 것을

그 비밀의 문은 오직 하나의 열쇠가 있나니

바로 지금 이 순간임을.

그대여 보았는가

태어날 때 장님인 사람이

세상이 아름답다고 앵무새같이 노래 부르는 것을

그대여 무엇을 알고 무엇을 모르는가
그대는 그대의 본성을 아는가
그대는 그대의 잠재의식을 아는가
그렇다면 순수의식은 무엇인가
그대의 본질이 아름다운 그것이다.

그러니 멈추어라
그리고 그대의 마음을 보라
매 순간 일어나 춤추거나 번득이는 생각 따라 움직이는 마음을
세계에 맞추어진 초점을 마음의 실재에 맞추기를
그리하여 해가 빛날 때는 잘 보이지 않는 한 낮의 달처럼 될지라

그대여 보았는가
그대는 단지 실재의 한 그림자라는 것을, 아바타라는 것을, 화신이라는 것을
욕망하며 갈등하고 두려움과 투쟁으로 세상과 맞서며
의미 없고 기쁨도 없는 삶이 그대라는 것을

또한 충족된 욕망은 더 많은 욕망을 낳는다는 것을

그대는 자기감정에 상처받고 자기생각에 의해 스스로를
고문하는 사람인가
건강한 몸과 마음은 인식되지 않은 채 살아가노니
마치 스스로 돌아가는 우주처럼

그러니 그대여 멈추시고 앉으시게
그대의 감정과 감각과 생각에서 벗어나시게
그대의 몸은 그대의 옷과 같은 것
그대가 입고 있는 지구복일뿐
그대의 가장 깊은 곳에 의식을 덮고 있을 뿐

그러니 그대여
내려놓고 그것만 지니고 가라
채우고 비우는 것이냐
비우고 채우는 것이냐

그대여 분명코 보았는가
그대 안에 고요히 앉아있는 스스로 깨달아 붓다가 된 광
명대인光名大人을

그대 안에 빛으로 빛나며 고요히 앉아있는 큰 거인이 그대
이니 바로보라

그때 일어나는 모든 것을 무엇이든지 받아들여라

안에서든 밖에서든

그대여 그래도 어려운가

아직도 분노가 일렁이고 두려움의 안개를 쓰고 있는가

두 사람이 감옥에서 조그마한 창문을 통해 바라보노니

한 사람은 반짝이는 별을 헤아리며 자신의 참모습을 발견
하려하고

다른 한 사람은 감옥에 굴러다니는 쓰레기와 바퀴벌레를
세며 불행하게 사나니

그대를 감동시키는 시詩 구절을 소리 내어 낭송하는 사람
이 될 지어라

그대여 묻노라

그대가 감각의 주인인가

그대가 쾌락의 주인인가

아니면 감각들이 그대를 즐기는가

또한 그대가 시간을 쓰는가

시간이 그대를 쓰는가

오 그대여 그대를 바로 보는 지혜로운 사람으로 거듭날
지니

그대여 다시 묻노라
그대는 세상 사람들의 시선이 중요한가
그대는 행복을 원하는가 아니면 황홀한 기쁨을 원하는가
그대여 알아차렸는가 바깥세상의 모든 즐거움은 일시적이
라는 것을

그대는 사랑에 빠져 결혼을 하고 자식을 낳아 양육하고
행복을 위하여 그대는 일을 하여 돈을 벌고 재산을 늘리고
게임이나 오락을 즐기는가

그렇게 하기 위하여 남을 속이고 해를 입히는 사람이 그대
인가
아니다 그것은 결코 행복이 아니다
그대가 찾고 있는 행복은 그대 안에서만 발견될 수 있나니
지금까지의 방랑을 멈추라

그대의 참모습이 무엇인지 그 실체를 찾으라
그것은 그대 스스로 만들어낸 일시적인 자아상을 너머서

는 것이라

그대가 성공했든 실패했든 건강하든 병들었든 어리든 늙
었든
그대의 실체는 지금이라는 공간에서 가장 깊은 곳에 변함
없이 존재하노니
그대의 생각과 감정, 지각과 경험은 그대가 아니다
그대는 오직 생명이요 순수의식이라
그대가 생명을 가진 것이 아니라 그대가 생명이노니

그대여 알아차리라
세상의 기쁨은 개의 뼈다귀와 같나니
개가 뼈다귀를 발견하여 물고 씹기 시작하면 곧 날카로운
뼛조각 하나가 잇몸을 상하게 하여 피가 나노니
개는 그 피를 맛보면서 '아 맛있는 뼈다귀'라고 하느니
개는 뼈다귀를 씹을수록 잇몸에서 피가 더 많이 나고 개는
뼈다귀를 더욱 달콤하다고 느끼 듯
끝이 안 보이는 순환의 거대한 바퀴속의 그대를.

그러니 바라보라 그대여
오직 세상으로 향해있는 그대의 두 카메라를 내면으로 방

향을 돌려 안으로 비추어 보면

　그대가 진정으로 원하는 것은 내면의 고요함이라는 것을
알게 되리라

　그대가 모든 것을 멈추고 고요해질 때
　생각을 여읜 지혜가 빛남을 볼 것이며
　그 고요함이 그대의 말과 행동을 이끌어갈 때
　실체가 나타나 붓다의 자리에 앉을 것이로데

　그대여 알아차렸는가 내면의 고요함을 찾는 방법을
　그것은 삶의 환경을 고치고 바꾸는 것이 아니라네
　그저 그대의 가장 깊은 곳에 존재하는
　그대 본연의 모습을 발견하고 깨닫는 것이라네
　또한 지금 생生에서 그대 자신이 누구인지 모른다면
　다음 생은 무엇이겠는가
　그것이 그대의 삶이고 싶은가
　그러니 그대여 고요히 앉아 내면으로 향할지니라.

가슴은
신의
진정한 집

그대여 내가 다시 권하노니 다시 앉으라

그대여 고요히 앉아 깊이 보라. 깊이 보면 보이나니

그대여 그대의 자신을 위하여

시간과 공간 안에서 규칙적으로 움직이는 인과성因果性을 바라보라

인과성因果性은 존재 사이에 일어나는 원인과 결과이나니 틀림없이 일어나는 상호작용을 보라.

그대여 묻노라

산자와 죽은 자는 어떤 차이가 있는가

유有가 무無가 되었고 이제 무無가 남았음을 알았는가, 그 뿐이다

헌데 그대는 한 사람이 죽어가는 것에 대하여 안달을 하면서 매일 수백 만 명이 죽어가는 데에는 관심이 없다. 전체의

우주들이 지금도 매 순간 폭발하여 사라지는 것을 슬퍼하지
않는도다

그대여 존재하는 모든 것은 의식 안에서 살아 움직이니

그 존재의 영원한 이유를 알아차려야 하노니

그대여 영원이란 무한無限이 아닐지라

무한이란 모든 것을 말하는 것이고

그 어떤 부분집합이 아닌 전체를 뜻하노니

그것도 끝이라는 것이 없는 한계限界없는 전체이어라

영원이란 변함없는 지속성을 말하는 것이리

바람이 몰아치고

번개가 내리친다

풀들이 솟아나고 하늘은 넘쳐흘러

비의 신이 땅을 종자로 활기 띨 때

자양분이 모든 세계를 위해 생겨나노니

배꼽에서 공계空界인 아무것도 존재하지 않는 세계가 나
왔다

머리에서 하늘이 전개되었으며

두 발에서 땅이 나왔으며

귀에서 방향이 생겨나 신들의 세계가 만들어졌나니
그대 또한 그러하지 아니한가.

그대가 영화를 볼 적에 스크린에 비추어진 화상이란 그림
을 보지 않던가
그렇다면 화상은 빛에 불과하다는 것도 알지 않겠는가
그대여 빛은 움직이지 않나니 움직이는 것은 오직 필름과
그대 마음뿐이라
그대는 그 그림 너머에 있노니 알겠는가
얼굴을 하얗게 칠한 조커가 그대로다.

그대여 입과 입으로 내려온 리그베다의 무유찬가無有讚歌
를 아는가

태초에 무無도 없었고 유有도 없었다
공계空界도 없었고 그 위에 천계天界도 없었나니
무엇을 감추고, 어디에, 누구의 가호아래 있었으랴
측량할 수 없이 깊은 저 바다는 어떻게 있었으랴

태초엔 죽음도 없었고 불사不死도 없었으며
밤과 낮의 구별도 없었으며

어둠이 어둠을 감추었으니

이 모든 것이 아무런 표정 없는 물이었도다.

공허로 싸여 있는 생명체, 그 유일자가 열의 힘을 통해 태

어났어라

태초에 유일자에게 욕구가 일어났으니 그것이 최초로 생

긴 사색의 씨였으니

지혜로 마음을 탐구하는 수행자들은

유有의 인연이 무無속에 있음을 깨달았을 때

저 유일한 것이 스스로 바람도 없이 호흡하였어라

오 그대여

어디로부터 창조가 일어났는지, 세상이 저절로 생겨났는지

그렇지 않는지 그이만이 아노라

최고의 천상에서 굽어보는 그이, 혹시 그대 아니던가

어쩌면 모를지도 모른다, 아무도

그것 이외에는 더 이상 없었으리.

어느 날 스승이 제자에게 말했다.

'신과 영혼은 하나이며 같은 것이다. 신은 그 자신 안에 존

재하는 것처럼 우리 모두 안에도 똑같이 존재한다'

그러자 제자가 말했다.

'스승님 신은 참으로 위대합니다. 신의 힘은 너무 대단해서 무한한 세계들이 신 안에 존재하고 있습니다. 그런데 어떻게 우리가 신일 수 있겠습니까?'

스승이 말했다.

'물병을 들고 저기 보이는 강에 가서 강물을 담아 오너라'

제자는 강으로 떠났고 얼마 되지 않아 물병을 들고 돌아왔다. 스승은 물병을 바라보며 말했다.

'나는 너에게 강물을 떠오라고 했다. 이것이 그 강물일 리가 없다'

제자가 대답했다.

'오 스승님 그렇지 않습니다. 이 물은 그 강물이 맞습니다'

'그 강물에는 물고기가 많은데 이 물에는 물고기가 없다. 그 강에는 거북이들도 많은데 이 물에는 거북이도 없다. 그 강가에는 소들이 많이 서 있는데 소들도 없다. 또한 그 강에는 목욕하는 사람이 많은데 이 물에는 목욕하는 사람이 없다. 이러고도 이 물을 그 강물이라고 할 수 있겠느냐? 다시 가서 그 강물을 떠오너라'

'그러나 이것은 적은 양의 강물일 뿐입니다. 어떻게 이 안

에 그 모든 것을 담을 수 있겠습니까?'

제자가 항변했다.

'네 말이 옳다. 이제 이 물병을 가지고 가서 강에 다시 붓고 오너라'

스승이 말했다. 제자는 강으로 가서 물병의 물을 다시 붓고 돌아왔다.

'이제 그 모든 것들이 그 물 안에도 존재하지 않느냐? 그대의 영혼은 물병에 담긴 물과 같다. 그것은 신과 하나다. 그러나 제한된 형태로 존재하기 때문에 신과 다르게 보이는 것이니 바로 보아라.'

그대여 영화는 어떻게 만들어졌는가

배우들과 스텝들과 제작자들과 감독이 영화를 만들었는가

그렇다면 그것은 우주의 모든 것이 상호연관 되어 있는 것처럼 무수한 원인이 존재하지 않겠는가

그러니 그대여 앉으라

하나의 사물은 있는 그대로 존재하는 것이오

모두가 무상하니 원인이 중요치 않으니 오는 것은 오라하고 가는 것은 가라하오

영화처럼 오직 빛만이 존재하며 그 빛이 전부일지라

다른 모든 것은 빛으로 만들어진 하나의 그림, 한 편의 영화

그 안에 빛이 있고 빛은 그림 안에 있나니 삶과 죽음은 나
와 너

이 모든 것을 버릴지니

그러므로 그대여

수행인으로 알아차리지 못한다면 그대의 삶은 동물의 것
과 무엇이 다르리오

가장 순결한 사람들이 진정한 삶을 사는 것이라

그대의 가슴은 신의 진정한 집일지요

그대여 아직도 영화에 머물러 있는가

스크린에 펼쳐진 화상畵像image에 실재성을 부여했는가

그대는 그 사람들을 사랑하고 애태우며 위험에서 구하고
자 했는가

그대여 이르노니 그대를 먼저 구하라

그리고 이 대사를 다시 읊어보라 '너나 잘 하세요'

그대여 무엇에 묶여 있는가

보았는가 여섯 개의 밧줄에 묶인 그대를

안 이 비 설 신 의, 눈과 귀와 코와 혀와 몸과 그대의 의식
으로 만든 그대 마음의 레시피를 넘어 붓다의 자리에 앉으라

'하지만 그대여 그 후에 그마저도 내려놓는 자 되라, 그것
이 붓다일지니'

3

지금 이 순간이다

바다를 건넜으면
뗏목을
버려라

그대여 어떤 것에 마음에 쏠려 잊지 못하고 매달리는가

아직도 찰나적이고 변화무쌍한 그대이던가

존재하지 않는 세계와 꿈을 좇는 세계에 있는가

그 남자는 누구이고 그 여자는 누구이느뇨

그대여 아는가

그대의 삶을 과거와 현재, 미래로 나누는 것은 그대의 생각
이 만들어낸 것이며

착각이니 과거와 미래는 생각의 형태이며 추상에 불과할
지라

그대여 과거는 오직 지금 현재에만 기억되는 것이며

그대가 지금 기억하고 있는 것은 그때에도 지금 일어났던
사건이라는 것을

오 그대여, 미래가 다가 왔을 때는 이미 지금이 아니던가

그러니 그대여 진정으로 존재하는 것을, 지금 존재하는 유일한 것

지금 이 순간만이 그대의 것일지라.

그대여 아는가, 의지는 약속이며, 고정固定이며, 속박이나니

밥을 먹을 때는 밥을 맛있게 먹으라.

그것이 '지금 이 순간이다'

그대여 다시 앉으라

마음을 가다듬고 지금 이 순간을 맞이할지니

이 순간을 맞이하는 순간 새로운 삶의 성스러움을 깨달으며 지금에 머무를 때 그대가 인식하는 모든 것이 성스러워지며 삶이 더욱 절실해질 것이라 생각하는 감정 지각과, 체험하는 모든 것이 다 그대 삶의 내용물일지니.

하지만 그대여 이것을 알아차리라

그것은 다름 아니라 가장 깊은 곳에 존재하는 그대의 '실체'는 그대의 삶에서 일어나는 일, 삶의 내용물과는 아무상관이 없어라

즉 그대의 실체는 지금 이 순간이기 때문이라.

그대여 그것은 언제나 변함이 없나니 어리거나 늙었거나 건강하거나 병들었거나 성공했거나 실패했거나 지식이 많거나 지식이 없거나 그대의 실체는 '지금이라는 공간에 변함없이 깊은 곳에 존재하나니 그대여 보았는가'

그대여 보았는가
그대의 자아상은 환경과 사고의 흐름과 세상의 많은 일들로 인해 흐릿해지고 모호해지고 지금 이 순간은 시간에 의해 다시 모호해지는 것을.

그대여 알아차렸는가
그렇게 하여 지금 현재 여기에 그대가 생명에 뿌리를 내리고 있음을 잊어버리고 세상 속에서 자기 자신을 잃어버리고 여기까지 흘러왔음을. 그리하여 혼란과 분노, 폭력과 대립, 우울과 애욕의 대립 위에 살았음을.

하지만 그대여
그럼에도 진실을 기억해내고 본연의 집으로 돌아오기는 얼마나 또 쉬운가
그대여 그대의 삶에는 얼마나 중요한 것이 많은가
하지만하지만 말이다

절대적으로 중요한 것은 단 하나 뿐, 바로 그대의 참 모습이라

그러니 그대여 바로 볼지니 이제 다시 앉으라

그대의 생각과 감정과 지각과 경험은 그대가 아님을 알아차리라

그대의 삶의 내용물은 그대가 아니다

그대는 생명이다

그대는 순수의식이다

그대는 지금 이 순간이다

밥이나 맛있게 먹을지니.

붓다는 이렇게 말씀하셨다.

'다른 식으로 생각하는 자들에 대해 싸움을 걸지 않는다'

그의 가르침은 오직 복수심과 혐오감 그리고 원한을 경계하는 것이기 때문이나니

그대여 다시 이르노니 알고 이해하고 받아들였다면 순응하라

삶에 대한 저항과

죽음에 대한 저항과

고통과 상실에 대한 저항과

그대가 사랑이라 부르는 애정에 대한 저항마저도 내려놓고

'있는 것what is과 있지 않은 것what is not'을 비교 말며

마치 동전을 뒤집듯이 그대의 마음을 바꾸지 말라.

그대여 알아차렸는가

이 모든 것을 저항하지 않고, 순응하지 않고 수용한다는 것이 얼마나 어려운가를

하지만 어린아이들은 그렇지 않지 않은가

그것은 그대가 성장해 오면서 배운 '저항'이라는 습관 때문이라는 것을

그대는 말한다. '그게 나야It my style'

그리고 멋지고 힘차고 자신 있게 그대와 관계하는 타인들에게

그대가 만들어낸 이야기를 말 하나니 그것은 그대가 아니다

그대의 아바타요 그대의 화신이다.

그러니 그대여 다시보라

물이 얼음의 고체가 되고 불 위에 올려져 기체로 변하여

존재하듯이

그대의 참 나도, 순수의식도 동결되어 물체로도 존재하고 액체화되어 마음과 생각으로 존재하고, 형상을 여위어 순수의 참 나로 존재할지니

그것은 그대가 만들어낸 형상화 이전이 참 생명이로세.

그대여 묻노니 무엇을 의지하여 사는가

무엇을 기대하고 사는가

무엇이 그대를 들뜨게 하는가

그대는 무언가 고상하고 훌륭한 것을 기대할 때

그대 자신이 스스로 훌륭하다고 생각하는가

하지만 그대여

열망이나 기대는 때때로 자기기만일지니

곧 실망에 이르게 되리

그러니 그대여

소견이나 견해와 열망의 언덕을 넘어설지니

이는 어떤 것도 확신할 수 없으며 쓸데없는 말일 뿐이리.

그대여 보았는가

그대의 한계와 집착을

그러므로 해서 집착에서 벗어날 지도를 완성하였는가

그대가 지금 무엇을 하는지 아는 것처럼 하는가

그대여 자세히 지켜보라 자기기만이 무엇인가를

때때로 이것은 너무 완벽해서 그대 자신도 의식하지 못하나니

그것은 자기방어로 그대의 약점을 보지 못하게 하기 때문이라

그러니 그대여 다시 앉으라

그대는 이 우주에 단 하나뿐인 존재이어라

그대는 오직 그대 자신으로 살지니 어떤 현상으로 이름붙이지 말고

그 본질의 아름다움을 보라. 우리는 그러한 사람을 수행을 완성한 사람, 아라한who has attained nirvana 또는 더 배울 것이 없는 사람이라 부르나니

그대여 자신을 이름이나 무엇이라는 꼬리표에서 떼어낼지니

무엇이 어떻다고 단언하고 분류하여 그대 자신을 분류의 칸막이 속에 넣지 말지라

그대는 그대 자신으로 살아야 하는

오직 하나뿐인 존재'天上天下唯我獨尊'이기 때문일지니

보았는가 그대여

그대의 순수의식이 형상화나 이름 붙여진 이전의 생명이
라는 것을

그 생명이 그대의 눈을 통해 형상의 세계, 그대가 이름 붙
인 세계를 보노니

그때 비로소 정견正見light view이니 올바르게 볼 수 있을 것
이리.

그렇다 그대여

그대가 그런 존재임을 알고 나면 그대는 세상 만물 속에서
자신을 보게 될 것이라

그것은 온전히 맑고 명료한 의식의 그것이라

그러니 그대여 계戒를 가지라.

살아있는 것은 죽이지 말며

주어지지 않은 것은 훔치지 말며

음란한 행위를 하지 말며

거짓말을 하지 말라

방탕의 원인이 되고

그대의 참 나를 잃게 만드는 술을 마시지 말며

한 잔이 두 잔이 되고 마침내 술이 그대를 마셔

그대의 갈 길을 잃게 만듦으로 해서.

그대여 그 바다를 건넜다면

이제 가라

무소의 뿔을 세우고 혼자서 가라

무겁고 고통스러운 과거는 없어졌나니.

그대여 아는가

아무런 해석 없이 지각작용이 이루어질 때

그대가 지각하는 주체가 무엇인지 볼 수 있나니

비로소 그때 형상이나 이름 여읜 순수의식이

그대 자신을 알아보게 될 것이리

선과 악에 좌우되지 않으리

자기 자신을 위해 이롭게 하지 못한다면

어찌 다른 사람을 위하여 이롭게 할 수 있는가

올바른 마음과 몸을 지니고 있으면

우주의 모든 것이 그대를 도우리라.

그러니 그대여

아라한이 되려면 정말 간절히 원해야 하느니

깨달은 사람은 가장 성실한 사람만 할 수 있을지라

그러한 사람은 무슨 일을 하던 한계를 두거나 주저함이 없이 완전하게 해내리니

그것이 곧 고매함integrity이요, 실재에 이르게 하는 예술이라

그대여 지금 어디에 있는가

이 온 우주에 그대만이 참되도다

그대 어디에 있는가

내가 말하노니 세계를 지각하는 자는 세계보다 먼저 있나니

그대는 지금 어디에 있는가

그대의 몸 안에 있는가?

그대여 다시보라

그대가 몸 안에 있는 것이 아니라 몸이 그대 안에 있음을

따라서 마음도 그대 안에 있는 것을

몸과 마음이 있는 것은

그대가 그것들을 즐기고 재미있어 하기 때문이라

그대의 성품 자체가 무한한 향유의 능력을 가지고 있으며

열망과 애정으로 가득 차있기 때문이리니

그것은 자각의 초점 안에 들어오는 모든 것에 대해 빛을
뿌려주며 어떤 것도 여기서 제외시키지 않기 때문 아니던가

그것은 또한 악도 모르고 추함도 모르며 오히려 그것을

소망하고 신뢰하여 사랑하노라

그대여 다시 말하노니

그대는 몸도 아니고 마음도 아니며 연료도 아니고 불도 아
니니

그대의 깊은 곳에 자리한 참된 주인공을 모름으로 해서 얼
마나 많은 것을 놓치고 있는가.

그러므로 그대여

본래의 그대, 참된 자아를 그대는 사랑하며

그대가 무엇을 하든

그것은 그대 자신의 행복을 위한 것이리

그대여 그것을 발견하였는가, 알아차렸는가

그것을 간직하는 것이

그대가 가진 근본적 충동임을.

오 그대여, 아득한 옛날부터

그대는 자신을 사랑했지만 결코 지혜롭게 사랑하지 못했나니

마음을 돌이켜 세워 이제부터라도 그대의 몸과 마음이 그대의 참 나인 주인공에게 봉사하고 지혜롭게 사용할지라

오직 그뿐이다.

사랑은 의지이나니

자신의 행복을 모두와 함께 나누려는 의지말일세

자기가 행복하고 남을 행복하게 하는 것

이것이 만고진리의 사랑의 리듬이니라.

모래를 너무 손에 세게 쥐면

모두 빠져나가고 마나니 손에 힘을 빼고 부드럽게 쥘지라

세상은 힘을 빼고 낮출 때 비로소 세상이 자연스럽게 보이나니

그대여 그것을 깨닫고 나면

그대는 쓸데없는 대립을 선선히 내려놓게 되나니

그것을 아무 조건 없이 받아들일 때 기적이 일어나도다

그대의 마음은 좀 더 자유로워지고 좀 더 평화로워져 노래를 부르리라

그대여 알아차리라 이 세상과 이 우주에 남이란 없나니
그대는 언제나 그대 자신을 만나고 있는 것임을.

아는가 그대여
이 세상에서 그대를 제일 사랑하거나 절대적으로 사랑하는 사람이 그대라는 것을
그러니 그대여 남들을 자기 자신처럼 사랑하는 척하지 말아야하느니, 그들이 그대 자신과 하나라는 것을 깨닫기 전에는 그들을 사랑할 수 없나니

그러므로 그대여
'본래의 그대가 아닌'척하지 말고 '본래의 그대'임을 거부하지 말지라

그대가 참 나의 주인공이라는 깨달음 없이 어떤 사랑도 진짜가 아닐지니
같은 생명이 존재하는 모든 것을 통해 흐르고 있다는 것과 그대가 바로 생명이라는 것을 의심의 여지없이 알게 될 때

비로소 자연스럽고 자발적으로 사랑하게 될 것이라

그대여 그러므로 이 순간의 여유로움 안으로 누가 들어오든 모두 귀한 손님으로 맞이할지니, 그대 자신에 대해 그대가 가진 사랑의 깊이와 완전함을 깨달을 때
이 세상과 온 우주가 그대와 사랑으로 연결됨을 보게 될 것이리

그대가 어떤 직업을 추구하더라도 내면의 깊은 바다처럼 평안의 순간들을 풍부하게 허용한다면 그대의 더 없이 명예로운 직업을 안심하고 수행할지니
이러한 내적인 고요의 순간들은 어김없이 그대의 모든 장애들을 어김없이 불태워지고 말 것이리라

그러니 그대여
멈추지 말고 확신을 가지고 떨쳐 앞으로 나아가라
그것은 성실이어야 하며 돈오점수頓悟漸修의 꽃이리라

다시 묻노니 그대는 누구인가
그대의 욕망과 그대가 한 선택과 결정들을 기억하고 그에 따라 행위 하나니

그것은 그대가 아니라 그대의 기억이 결정하는 짓이나니

그것은 그대 마음의 필름을 통해서 하나의 세계를 투사하고 거기에 원인과 목적으로 부여하기 위해 하나의 신神마저도 투사하거나 빙자憑藉하노니, 그것도 그대의 상상이니 거기서 나오라

그대여 다시 말하노라

아직도 알아차리지 못하고 바로보지 못했다면

그대는 상상의 노예일 뿐이며

그대가 결정을 내리든 어떤 일을 하든

그것은 어김없이 상상에, 곧 사실처럼 행세하는 것처럼 보일 뿐이라

나의 붓다여

모든 것을 채우고 모든 것을 넘어서 있는 순순한 존재pure being시여

당신께 경배합니다 당신께 경배합니다, 이제 그 자리에 오르소서

마치 소리 없이 내리는 여름의 눈처럼, 서쪽 하늘의 무지개처럼

일어난 일과 일어나야 하는 일 사이에 고민하는 그대여

그것은 운명이나 몸과 입과 뜻으로 짓는 업業이라 하며 참
된 존재가 영원히 누릴 수 있는 자유를 어쩌려는가.

그대여 이제 그만 마음을 넘어 참 나를 보라

그 너머에는 공空과 무한한 빛의 강렬함이 그대를 반기리니

그대여 주시하며 자세히 바라보라

왜
왜 계획을 세우며
무엇을 세우려는가?

무엇을 세우려 고민하는가

그것은 걱정이요 번민이니 관계라는 것은 살아 있는 것이 아니던가

그러니 그대여 내적인 자아와 평화롭기를

그러면 그 누구와도 평화롭게 지낼 것이므로 해서

그대여 다시 알아차리라

그대는 일어나는 일의 주인이 아니노니

순전히 전문적인 사항들을 제외하고는 그대는 미래를 제어할 수 없음이라

그대여, 인간관계는 계획할 수 없음이니 그것은 너무 풍부하고 다양하기 때문이라

이해심을 가지고 자비로우며 그대의 에고로부터 벗어날지니

주인도 되지 말고 노예도 되지 말며 그저 초연히 바라보는 자가 되라.

그대여 자세히 보았는가

그대는 무엇을 행위하고 난 뒤에야 자신의 의지를 안다는 것을

그대의 욕망과 그대가 한 선택과 그대가 내린 결정들을 기억하고 그에 따라 행위 하는가 그대여

그렇다면 그것은 그대가 아니라 그대의 기억이 결정한 것이리라

그대는 욕망하도록 강제될 뿐 자유의 의지도 없으며

그대의 과거가 그대의 미래를 결정하고

그대는 이미 일어난 일과 일어나야 하는 일 사이에서

그대는 평생을 고민과 두려움과 상상의 노예로 살 것이노라

그대여

그대는 아직도 미쳐 날뛰는

그대의 마음에 재갈을 물리지 못 하였는가

그대여 이제 그만 '내가 있음'을 꼭 붙잡고

그 너머 모든 것의 이전에 있었던 절대자가 그대 자신임을 알아차리라

그것이 더도 아니요 덜도 아닌 깨달음이니 속박에서 벗어나 '참 나'와 결합하라

마치 하루가 빛과 어둠으로 이루어진 것처럼.

그대여 앉으라

그대와 그녀도 각자가 만들어낸 특정방식으로 생각하고 행동하나니

그것에 유전적인 특성을 더하고 어린 시절의 환경과 체험을 더하여 자라온 환경이 바로 그대와 그녀이고 그녀와 그대이다.

아 그리고 그대들이 습관처럼 규정해버린 운명의 연인이 되고

사랑이라고 이름 붙여진 부부가 되었나니 이를 어쩔꼬.

'오 그대여 지금 밖을 보라 얼마나 많은 사랑이라는 말이 하늘을 쉼 없이 날개 짓을 하며 날아오르다 힘없이 내려앉는지'

사랑이라고 말한 그대의 목적은 무엇인가

그러므로 그대여 함부로 판단하지 말지니

한 인간을 겉으로 나타난 현상에 관계되는 피상적皮相的으로 분류하고 타인에게 개념적 정체성을 부여하고 독선적인 비판을 가하면서 그대의 에고는 고개를 끄덕이며 만족스런 미소를 띠우고 있어라

그대여 다시 말하노니

그대는 특정방식으로 생각하고 행동하도록 길들여져 있나니 그것은 그대들의 본래의 모습이 아니어라

오직 보이는 겉모습일 뿐이네

누구는 어떤 사람이라고 판단을 내릴 때 그대의 길들여진 마음의 양상이

본연의 모습과 혼동하나니, 그런 판단행위 자체도 습관적이고 무의식적인 마음의 양상일 것이니 그대여 어쩌려는가

오 그대여 부탁하노니

사람들에게 실재가 아니고 순 이론적인 개념적槪念的 정체성을 부여하지 말지니

바로 그 순간에 그대와 그녀는 천 년의 감옥에 갇히게 되리니 그대여 오직 바르게 보라. 그때 비로소 습관이나 형식,

생각이 그 사람이라고 동일하게 여기는 것에서 해방 될지라
에고는 더 이상 그대의 인간관계를 지배하지 않으리라

알아차렸는가 그대여
그녀의 과거가 그대의 과거였으며
그녀의 고통이 그대의 고통이었나니
그것이 그대들이 가진 심신의 괴로움 고苦가 아니고 무엇
이랴
그대여 알아차렸는가
그녀의 의식수준이 그대의 의식수준이었다면
그대도 그녀처럼 행동했을 것이리니
그대여 그것을 깨달았을 때
용서와 자비가 그대를 평화로 이끌지니

그대여 어찌 바다에 빠지지 않고 바다의 깊이를 알리요
세상에서의 삶이 생기 있고 활발活潑하지 않으면 의미도 없
어라
오직 조심히 살펴 경계하는 계戒의 규범을 가질지니
탐욕스런 돼지의 눈이 아니라 참 나의 눈으로 볼지라
그것이 곧 일상이요 수행이리니 뗏목을 타고 바다를 건넜
으니 이제 그 뗏목을 버리라

그대여 이제 그 일을 마쳤는가

그렇다면 그대여

세계는 공간적으로 유한한가, 무한한가?

세계는 시간적으로 영원한가, 끝이 있는가?

신체와 정신은 하나인가, 다른가?

참다운 이치를 깨달은 여래는 사후에 존속하는가, 소멸하
는가?

그대여 알았는가 그렇다면 타고 온 그 뗏목을 버려라.

다시보라

존재와 연결되고 투영되기에

결국 한 존재 속에 모든 존재가 드러나지 않든가

깨달음은 백팔번뇌의 도움도 필요하나니

깨달음과 중생이 다르지 않고

물질과 정신도 그와 같으며

마음고치는 일이 곧 세상을 고치는 일이니

마음과 세상도 다르지 않으리니

오, 그대는 십리밖에 바늘 떨어지는 소리가 들릴 정도의
고요함으로 들어갈지니

그러므로 그대여 다시 앉으라

오직 그대의 마음을 살펴 지금의 그대를 넘어서라

마치 나무로 된 부지깽이로 불을 들쑤시면 막대기에 불이 붙듯이

알을 깨고 나오려는 병아리같이 껍질을 쪼아대어 마침내 알의 세계에서 나오듯이

마음의 모순과 불합리성을 알아차리고 안으로부터 만들어진 그대만이 열 수 있는 자물쇠를 열고 '참 나'를 발견할지니 그대 나의 붓다로다.

경배하나이다, 나의 붓다여

근심과 걱정을 버리고 떠나서 모든 것이 벗어나고

묶고 맺음을 풀면 마음에 잡히거나 아무런 고뇌가 없나니 대지와 같이 성내는 일이 없고 큰 산을 움직이는 일도 없다. 생사의 세상을 끊어버리고 진리를 깨닫는 모습 같아서

이것이 그대의 인생에서 가장 필요한 것이 아니던가.

다시 묻노니
그대는 누구인가
무엇을 위해 사는가?

그대여 묻노니

이제 그대 안을 살펴보는 사람이 되었는가

그대여 다시 묻노니

껍질을 깨고 이제 나왔는가

안으로 채워진 자물쇠를 풀고서

아니면 자각의 부지깽이에 불이 옮겨 붙었는가

그대여 이제 그만 안으로 채워진 자물쇠를 풀어

자각自覺awareness의 초에 불을 붙여 무지의 어둠속에 불을

밝히라

그리하여 마침내 과거의 고통이 내가 아님을 알며

무의식적인 일체화를 끝내라

그곳이 바로 극락이 아니던가

그곳이 바로 천국이리니 너희 족속이 영원하리라

오랜 옛날

태고太古 적부터 인류가 겪어 온 집단적 고통의 체험에서

체득된 그 일체화를 깨부수어라.

그대여 알아차리라

모든 관념을 멀리하고 어서 그대 자신과 마주하라

죽음은 삶의 반대가 아니라 탄생이라

무엇이 죽었고 무엇이 탄생하였는가

그 삶은 죽음도 없이 평화로우니

그 모습으로 영원할지라

이제 처음의 물음으로 다시 돌아가노라

"그대여 그대는 누구인가"

보았는가 그대여

어떻게 그대의 관념과 이상들이 변하는지

어떻게 사람들이 고통을 만들어내는지

어떻게 사람들이 항상 변하는 자기의 소견과 견해에 집착

하는지

그대여 알아차려 세상을 보라

견해와 종교, 국가에 대한 '자기 동일시'는 결국 고통과 분쟁으로 번져 폭력과 전쟁으로 나갈지니

그대여

그대의 생각이나 다른 곳에서 읽은 글이 그대의 경험과 같던가. 그대의 가슴에서 우러나와 쓴 글과 그 글의 차이를 알아차렸는가.

그대여 알아차리라 모든 관념을 버리고 어서 그대 자신과 마주하라.

다시 묻노니

그대는 누구인가

그대여 여자인가 남자인가

그대는 한국인인가 미국인인가

그리고 그대는 무엇을 위해 사는가

그렇다면 그대여 토론의 예시바Yeshiva를 아는가

아니면 아포리아aporia의 난제를 아는가

다른 답은 있어도 틀린 답은 없다는 이야기는 들어보았

는가

질문하지 못하고 상상하지 못한다면 어찌 삶이리

알파고는 250개의 알고리즘을 가지고 다음으로 나아갈 지라

사물인터넷이 온라인과 오프라인을 연결하노니

그렇다면 그대는 무엇을 누구에게 연결할 것인가

알아차렸는가 그대여

그대는 그대가 만들어낸 딥러닝deep learning의 로봇이라는 것을

그대는 아바타요 화신이노니.

하나님이 선악과를 따 먹은 아담과 이브에게 물었을 때의 다이아로그를 아는가

하나님: 왜 따 먹었는가

아담: 이브가 먹어보라 해서요

이브: 뱀이 시켜서요

하나님: 너는 어디에 갔는고.

그대여 이제 로봇의 옷을 벗고 참 나의 주인공 옷을 입으라

캐묻지 않은 삶을 어찌 삶이라 말하리

탁월함의 아르테Arete는 지혜이니 성찰의 바라봄 그리로
가라

그것은 곧 절제요 보시요 자비임으로 해서.

그대여 다시 앉으라

그대 마음의 아픔이나 후회, 회한들이 어디에서 오는지 알
아차렸는가

그 문제의 뿌리들을 외면하고 모른 척 했던 것이

어떻게 그대에게 이 상황으로 몰고 왔는지

그대여 다시 보라

그대에 의해 이상화된 그대를

그대에 의해 우상화된 그대를

그리고 진정한 참 나와 다른 나를

이것이 다른 사람에게 보여주는 그대의 모습일지니.

누구와 같이 있던

어디에 있던

어떤 환경이나 상황에 있건

변함없이 동일한 자아상을 가질지라.

사람들이 그대에게 그대는 어떤 사람이라는 이름표를 붙

이기 시작할 때

그대는 그 이름표에 맞추어 살겠는가

그렇다면 어디서 잘못되고 어디서 엉뚱하게 왜곡되었을꼬

그리고 또한 그대가 다른 사람에 대한 시각역시 얼마나 왜
곡되고 생뚱맞던가

그대여 알아차렸는가

악하다고 생각하는 사람들을 비난하고 우월감을 느끼고

이 우월감이 멋들어진 옷을 입고 자신은 오직 선할 뿐 악
하지 않다는 검은 바다에 빠져있지 아니한가.

그러니 그대여 다시 앉으라

그대가 '참 나'를 알지 못하게 하는 가장 큰 장애물은 그대
의 마음이라

그대의 마음은 그대 내면의 주인공인 참 나를 그대가 보지
못하도록 감추나니

그것은 그대의 마음이 내면에 깊이 존재하는 참나로부터
멀리 떨어져 있어

그대는 행복을 밖에서 찾아야 한다고 느끼게 하기 때문이
니 알아차렸는가

그대여

그대에게 참 나를 갈라놓은 바로 그 마음이 참나와 만나 재결합하도록 도와주나니

그대 마음이 속박과 해방의 근원이며 슬픔과 즐거움의 근원이었으며

그리고 또한 가장 좋은 친구이자 가장 나쁜 적일지니

그러니 그대여 이제 마음이 어떻게 작용하는지 지도를 완성하고

그대의 마음이 참 나의 몸이나니, 이렇게 외쳐라

"나는 내면을 언제나 본다"

그러므로 그대여

마음을 고요하게 하고 생각으로부터 자유롭게 하여 그대의 근원과 접촉할지니

참 나의 꿀물을 그대가 차지하라, 이는 세상에서 그대가 가져야할 가장 중요한 것이 무엇인가라는 질문에 해답을 갖는 길이니 곧 좋은 마음이라, 가장 큰 행복은 마음이 고요해질 때 찾아오나니 이는 그대만이 아는 비밀의 지혜가 될지니

그대여 이제 알았는가

마음이 고요해지면 둔해지거나 느려지는 것이 아닐지라

오히려 그들은 소란스럽고 빙빙 돌아가고 가만히 있지 못하여 나약하노니

그들은 끊임없이 안절부절 못하고 불안의 리듬에 몸을 맡기리라

오 그대여

그대가 마음을 통제하기 위해서 노력하지만

그 마음이 그대를 지배할 것이라는 것은 거반 깨닫지 못하리니 바르게 보라

그러니 그대여 이제 마치려 하노니 그대는 숲으로 가라

은빛 자작나무 숲이거나 솔향기 가득한 숲이 아니어도 좋다

사람의 손길이 닿지 않는 숲속을 혼자 걸어라

그대는 누구인가

늙었는가 아니면 젊었는가

그대는 20대에는 힘이 넘쳐나지 않았는가

지금은 어떠한가, 그때의 몸보다 약해지고 늙어졌는가

하지만 마음은 아직도 그때가 아니던가

그대 생각 역시 20대 때와는 달라지지 않았든가

하지만 그대여, 그대 몸이 젊었거나 늙었다고 아는 마음

그대 생각이 변했다고 아는 맑은 마음에는 변한 것이 없나니

그 맑은 마음이 바로 그대 안에 있는 영원이며 순수의식이노니

그대가 찾는 붓다이다.

'그대가 그것을 어찌 잃을 수 있는가, 아니다 그대가 바로 그것이다'

그대여 보았는가

언론을 통해 보도되었던 수많은 사고와 재난들을

믿기지 않는 귀환과 생환을 보지 않았던가

모든 사고와 재난에는 늘 구원의 가능성이 들어있나니

마치 소돔과 고모라의 불의 형벌에도 살아나오는 롯처럼

하지만 사람들이 그것을 알아차리지 못하고 흘려보낼 뿐이니

그대는 탈출지도를 완성하였는가

그렇다면 그대여 이제 탈출하라 바로 지금

그리하여 그대는 거룩한 씨요 남은 자가 될 것이라

그대가 고통을 끝내고 진정한 자유를 얻으려면

지금 이 순간 느끼고 경험하는 것이 무엇이든

마치 그대 스스로 온전히 선택한 듯이 살아가라

마치 코메디아 델라르테commedia dellarte처럼

그대는 정해진 대본처럼 살 것인가 정해진 대본 없이 살 것인가

할리퀸과 피에르, 스카라무슈와 매제티노는 주인공이 아니라 복속자들이었다. 하지만 이들은 커다란 흐름에만 순응했을 뿐이라, 독창적이고 재능 있는 연기로 주인공보다 더 많은 사랑을 받은 것처럼 어떠한 경우에도 그대는 주인공처럼 살 수 있나니 이것이 소극적이 아니요 적극적인 긍정의 그것이니 그대 행복할지라.

그대가 나무라는 것을
알아차렸는가
정말로 살아있는가?

그대는 누구인가

그대의 관심은 그대가 아니던가

그렇다면 그대는 알아차렸는가. 고통의 두려움, 쾌락의 욕
망이 그대라는 것을

고통이 끝나면 즐겁고 쾌락이 끝나면 고통스럽나니

그것들은 그냥 끝없이 이어지며 돌아가는 법륜法輪의 바퀴
를 닮지 않았든가

깨우침의 나무는 물을 머금고

깨우침의 나무를 향수로 씻겨

깨우침의 줄기는 번쩍거리고

깨우침의 나무는 무성하노라.

그러니 그대여

그것을 넘어선 그대 자신을 발견할 때까지 자리를 지켜 앉으라

그것이 바로 붓다의 모습이오, 깨달은 자이며 참 생명일지니

그리고 또한 어떤 사건이나 존재도 홀로 분리되어 일어날 수 없나니 다만 그렇게 보일 뿐이니 그대여 알아차리라. 판단과 분류가 많을수록 분리와 고립도 늘어날지니 그 생각을 통해 그대 삶의 전체성이 조각난다는 것을

그럼에도 불구하고,

그런 생각을 만들어낸 것도 그대 삶의 전체성이어니

만물이 서로 그물망처럼 얽혀있음이오

이는 이것이 있음으로 저것이 있고 이것이 없음으로 저것이 없으니

시간적 관찰과 공간적 관찰이니 알아차리라.

아버지가 자식을 낳고 그 자식이 다시 아들을 낳는 것처럼 죄의 싹은 사망이오, 원인 없이 생기는 것은 아무것도 없음이요

이것이 인과응보요 모든 현상이 생기고 소멸하는 법칙의 연기법緣起法인즉 원인과 조건이 서로 관계하여 성립된 것일지

니 붓다는 이렇게 말했다.

'마치 두 묶음의 갈대 단이 서로 의지해 있을 때 그중 하나를 치우면 나머지 갈대단도 쓰러지듯이 이것과 저것이 동시에 존재하는 상관성相關性이오 그물망이라.'

그것은 한 그릇의 밥은 농부의 땀방울과 적당한 햇빛과 비가 필요하듯이 몇 개의 천둥과 번개도 그것일지라.

그러므로 그대여

자신이 모른다는 것을 아는 것이 참된 지혜의 첫 번째 문을 지나게 되는 것이니 그 문을 활짝 열어젖힐지라. 그대는 보았는가 빛은 어둠속에서 빛나며 빛 속에서는 어둠이 보이지 않는다는 것을.

끝없는 빛의 바다 안에서 어둡고 한계가 있고 차이를 명백히 하기 위해서 지각 가능한 의식의 구름들이 나타나리니, 거짓을 발견하여 내버리는 작업을 쉬지 말아 마음 안으로 들어가는 악한 장애를 없애게 되리니

그대에게 다시 묻노라

그대는 이길 수 있을 때만 싸우는가?

그대는 이 싸움에 승산이 있다고 보는가?

그러므로 그대여 다시 묻노라

말만 가지고 마음을 넘어설 수 있는가?

붓다도 보리수나무 밑에 앉았나니 그대도 앉지 않겠는가

진리가 그대를 자유롭게 하나니 진리에 대한 열망은 얼마
인가

아니면 스승에 대한 믿음은 또 얼마인가

아무런 목표도 없고 엄청난 열망도 없다면 그곳에 도달할
수 없나니

그대는 돛대에 묶은 오디세우스처럼 되기 어려우니

영혼새soul bird가 그대의 영혼을 훔쳐가게 되리라

그대여 그 길은 그대의 목표이며

그대 자신 이외에는 도달할 사람이 아무도 없나니

그대에게 필요한 것은 이해하는 것이 전부인지라

이해가 곧 마음이 활짝 피는 개화開花이기 때문이리

하지만 그대여 나무는 오래가지만 개화는 봄이 되어야 하
나니

그때가 언제이며 나무 밑에는 언제 앉겠느뇨.

알아차렸는가 그대여

그대가 나무라는 것을

그대는 과거에 무수한 가지와 잎들을 길러냈고 미래에도 그러하건만

그대는 그대로 남을 것이로데

지금은 우주를 창조하려는 욕망과 그대의 욕망을 창조하려는 욕망이나니 세계를 그대 자신의 창조물로 알고 자유로워짐이 어떠한가.

그대여 알아차리라

생각은 마음을 평화롭게 할 수 없나니 바라보는 사람으로 초연하게 앉으라

그러면 세계를 하나의 연극, 실로 더없이 재미있는 하나의 연극으로 보게 될지니

족쇄가 채워져 어두운 감옥에 갇힌 그대를 볼지어라

그것은 그대가 바로 그대가 사는 이 세계를 만든 사람이오

그대만이 그대를 바꾸거나 도로 없앨 수 있을 것이로데

그대가 자신을 알 때 세계 안에 그대가 알 수 없는 것은 아무것도 없으며

그대가 자신을 몸이라고 생각하면 세계를 물질로 된 사물

들의 집합으로 알게 될 것이며 그대 자신을 의식의 한 중심으로 알 때에는 세계가 마음의 바다로 변할 것이니 실재 안에 있는 그대로의 그대 자신을 알 때에는 세계를 그대 자신으로 알게 되리니

그대여 이제 알았는가
사람들은 모두 조건이라는 족쇄를 차고 있다는 것을
그대의 생각과 반응의 대부분은 조건반사적인 현상 아니던가
그러니 그대여 그대의 단점을 알아차리라!
자기방어는 자신의 약점을 보지 못하게 하노니.

오 그대여
고통 받는 주위 사람들을 보았는가
고통의 원인은 지각知覺하는 자가 지각되는 대상을 자신과 동일시한다는 것을
거기서 욕망이 나오고 욕망과 더불어 결과를 생각하지 않는 맹목적인 행위가 생겨나노니

그러니 그대여 다시 자세히 보라
이루지 못한 헛된 꿈과 욕망들의 기억이 에너지를 가두고

그것이 또 다른 자신과 나투는 것을

그 에너지의 힘이 고갈되면 죽어 그 욕망이 다음 생으로 넘어가 끝이 없는 윤회의 고통이 그것이라 그대를 해방하는 것은 이해의 명료함이니

그대여 이제 앉으라

그대여

그것은 욕망들의 원인과 결과를 명료하게 보지 못하면 욕망을 버리지 못함이니

같은 사람이 다시 태어나지도 않으며 그대도 영원히 죽을 것이로데 다만 그 기억들은 남고 그 욕망과 두려움만 남느니 그리하여 그것들이 새로운 한 사람을 위한 에너지로 공급될 것이라.

알았는가 그대여

그대는 살아있는 순간, 즉 지금을 알아차릴 수 있는가?

그대의 자각은 과거에 대한 것인가 현재에 대한 것인가?

그대가 자각하고 있을 때 그대는 '지금 안에' 정말로 살아있는가?

다시 말하노니

그대가 생각이나 말로써 묘사하려는 것은 자각이 아니며 그 경험에 대해 생각하는 것일 뿐, 생각하고 말하는 것일 뿐, 그대의 생각과 감정, 말과 행동도 그 사건의 일부분일 뿐이니 그대가 참 자각Samvid에 도달했다면 그대가 바라보는 대상을 그 성품 여하에 관계없이 그대가 사랑하고 있었다는 것을 보게 되리라. 이것이 참 나의 선택 없는 사랑choiceless love이요, 자각의 시금석이라.

그대의 생각이 멈출 때
마침내 알아차리는 것도 멈출 때
그대의 마음이 완전한 침묵에 도달했을 때
방심하지 않고 깨어있을 때
그때 비로소 사물의 덧없는 본성과
꿈같은 본성을 볼 것이로데.

그대여
내가 일흔 번씩 일흔 번을 말하노니

그 의식의 수준에서는 고통과 쾌락에 맞서 싸울 수 없나니
왜냐하면 그대의 의식은 그대에게 일어나는 것일 뿐
그대 안에 관념이 살며 계란 속의 병아리처럼 갇혀있는 그

대를 바르게 보면

마침내 그 껍질을 바로 깨트릴, 단박에 박차고 나갈 틈이 보여 탈출지도를 완성하게 될지니 바로 의식의 고통이여 깨어남의 빛이로다.

그렇다면 다시 앉으라

무엇이 그대의 운명을 창조하는지 보이지 않던가

그대여 자세히 보라

아직 영화는 끝나지 않았노라 스크린은 있는데 그것은 변하지 않았도다

오직 그 사이의 필름만 계속 돌아가며 만들어내는 허상의 모습을 그대는 운명이라 부른다.

그대여 다시 말하노니

이념들이 만들어 낸 재앙과 지진과 홍수, 전쟁과 혁명 또는 자연적이거나 인위적인 재난들은 무엇인지 보았는가, 그 고통의 실체들을. 서로가 서로에게 연결되어 있으며 분리되어 있지 않나니 인과응보의 법칙이 지배한 것이라 마치 외상값을 치르듯이 회계된 것이 아니던가.

오 그대여

우리의 삶은 그렇게 계속되며 서로에게 깊이 맺어져 있노니

그 운명이 바로‘나’로세

그대는 맑은 물
청정한 공기
활활 타오르는 불

또 다시 묻노니
그대는 누구이고 나는 누구인가
그대는 경험이고 나는 추억인가

그대는 누구인가
들숨과 날숨으로 숨쉬는 자인가
아니면 바라보는 자인가 느끼고 생각하는 자인가
그도 아니라면 옳고 그르며 아름답고 추함을 판단하고 나
쁜 것보다 좋은 것을 선택하는 자인가.

그대의 모든 판단과 행위의 주체가 그대인 것이 확실한가.
붓다는 이렇게 말씀하였다

미친 중생들이여

나처럼 극도로 호화스럽게 살아본 자도 없고 나처럼 혹독하게 고행을 해본 자도 없나니 오직 이름이나 모습보다 더 깊은 곳의 고귀한 나의 실체를 찾기 위해 몸을 던졌나니 그대를 알고 이해하고 받아들이라.

그대는 누구인가

꽃 하나하나가 자신의 색상을 가지고 있지만 모든 색상은 빛에 의해 나타나듯이

오직 자각 안에서만 일어나노니

그대는 경험과 기억을 자기라고 생각하는가?

결코 경험과 기억은 그대가 아닐지니 '너 자신을 알라'

그리스 델포이 신전에 새겨져 있는 너 자신을 알라Know yourself는 그대의 삶에서

일어나는 모든 방황과 고민을 해결하는 열쇠가 되는 것이리.

그대가 붙인 이름표나 그대가 원하는 모습보다 그대 안의 깊은 곳에 있는 '참 나'를 찾아볼지니. 그대여 먼저 앉으라. 고요하지 않으면 바라볼 수 없나니. 그대는 세상이라는 알에 갇혀있다. 다시 태어나려면 자신의 세계를 깨뜨려야 할지라.

그대여 앉았는가. 그대는 이미 알고 있도다 세상에 태어날 때 첫 숨을 잊지 않고 쉬는 것처럼 이미 그대는 생명이다. 컴퓨터를 켜고 새로운 기술을 배우는 데에도 시간은 필요할지니 이것은 그대 삶의 가장 본질적인 일이며 유일한 일이며 깨닫는 일이다. 그것은 바로 외형의 이름과 형상을 초월하여 그대가 만들어낸 역사와 이야기를 초월하여 본래의 '참 나'를 알아내는 일이다. 그때 비로소 그대를 이해하고 받아들이며 깨달은 후 붓다의 미소를 보게 되리라.

오, 무지無知 속에 잠들었던 그대여
이제 깨어났는가
붓다이신 그대에게 경배하노라

그대여 머뭇거리지 말고 바로 깨우치라
이 순간 이 찰나에 모든 것이 달려있도다
하지만 그대여 쉿, 조용히 하여 고요히 즐겨라. 다음 상태로 넘어가기 위해선 고요함이 필요하고 그 고요함 끝에 '참 나'가 있음으로 해서

그대여 아는가
인간의 뇌는 무엇을 위해 설계되고 어떻게 작동하는지 바

라보라. 뇌는 먹이지도보다 인간관계를 우선하나니 곧 남을 설득하고 이해하고 속이며 서로간의 미묘한 일을 해결하기 위함이라 그대는 오직 행복을 위해 존재하며 행복은 객관이 아니라 주관적일 것이리.

그대여 알았는가.

그대가 행복하려면 몸이나 정신이 완전히 타인으로부터 독립적이고 자유로워야 된다는 것을, 그대가 가지고 있는 기억memories과 꿈dream, 투영投影reflections도 욕망과 동일시同一視identification에서 비롯되었다는 것을 살펴볼지라.

보았는가 그대여

그대의 기억과 꿈과 투영들이 그대의 욕망에서 비롯되었으며 그대는 이제 첫 번째 관문인 그 욕망의 지옥inferno을 보았도다. 그러나 그대여 그것의 대부분은 이웃 사람의 불꽃이 내게 옮겨 붙은 것임을 알아차릴지라 곧 허공처럼 걸림 없고 지극히 고요한 그곳을 바라보게 될 것이니 고요한 이곳을 접해보지 못한 사람은 자기 자신을 알 수 없나니 이것을 무지無知라하고 그대의 참나가 아닌 환영이라 이름 붙인다

그대여 아는가

자신의 실체에 대한 이러한 오해를 바꿀 유일한 방법은 자신의 마음이 움직이는 방식을 완전히 자각하면서 그것을 자기발견의 도구로 돌려놓는 것임을.

그대여 이제 알겠는가

원래 마음은 사람들 간의 관계와 생존을 위한 투쟁의 도구였으며 자연을 정복하고자 자연의 방식을 배워야했으며 마음이 그것을 배우고 또 배웠나니, 마음이 자연과 손잡고 일하면 삶을 더 높은 수준으로 향상시킬 수 있었기 때문이리. 그리고 또한 마음은 상징적인 사고와 의사소통의 기술과 기능을 습득하여 아름답게 꾸미게 되었으니 관념과 추상이 실재의 한 외양을 얻었고 개념적인 것이 실재하는 것을 대체하였으니 이를 어쩌랴 인간들은 이제 말이 현란한 춤을 추는 하나의 언어적 세계가 펼쳐졌음을 보았는가.

그대여 내가 묻노니 이런 사실들을 알아차렸는가

그대가 사람과 사물들을 다루려면 말은 매우 유용하나 그 말은 비실재적인 세계 안에서 살게 만든다는 것을.

그대의 말에 감정과 관념이 가장 풍부하게 들어 있는 말이 그대라고 생각하는가 하지만 그 말은 마음 안에 일체의 모든 것인 육체와 절대자까지 집어넣어 만드노라.

그러므로 그대여 언어적 감옥을 부수고 나와 실재로 들어가려면 말로부터 그것이 가리키는 것, 곧 사물 그 자체로 그대의 초점을 옮겨야 하나니.

그대여 알아차리라

모든 욕망의 궁극적 목표는 이 존재감을 향상시키고 굳건히 할뿐더러 모든 두려움은 그 본질상 자기 없음에 대한 두려움이라는 것을.

그러므로 그대여 너무나 실재하고 생생한 이 '나'라고 하는 것에 파고들어 진짜 주인공이 누구인지 자각自覺하고 자성自省해야 하나니 그때 비로소 진정한 자기存在self being와 진정한 그대의 본질性品swarupa을 만나게 될 것이니 그것이 바로 최고의 깨달음에 이른 자 붓다이다.

그대여 다시 앉으라

그대의 근원根源nature state은 무엇인지 제대로 보았는가.

그대 안에 붓다가 있다는 것을 안다면, 그대 안에 신성神性이 있다는 것을 안다면

타인에 대한 증오와 경계심이 없이 있는 그대로를 보게 될 것이니 그때 비로소 그대가 어디로 향하여 가야하는지 알게

될 것이리.

　　오 나의 붓다여

　　허공에 가득한 단비를 보았는가

　　그대의 그릇에 따라 이익을 얻을지니

　　참 나는 너무 깊고 극히 미묘하며 원인과 결과로 움직이며

그렇게 이룬 것이 그대들의 세계일지니

　　그것은 바로 하나 가운데 일체요 일체가 하나라는 것이며

한 티끌이 이 우주이며 우주가 한 티끌일지니

　　태양도 변하지 않았고

　　지구도 변하지 않았고

　　달도 변하지 않았고

　　나무도 변하지 않았나니

　　오직 하얀 캔버스였던 그대만이 변했어라

　　오 그대여

　　원래 그대는 맑은 물

　　원래 그대는 청정한 공기

　　원래 그대는 활활 타오르는 불

　　태양이 그대로이듯

달이 그대로이듯

오직 변해버린 그대를 바라보라

타인의 욕망에 부합하기 위하여 그대는 지금 어디서 무엇을 하고 있는가

그대는 신의 자녀이니

깨어나라 꿈속에서.

그대는 행복하기 위해서 이 세상에 태어났노니

너무 화내거나 동요하거나 흥분하지 말며 그것을 정당화하지말지니

오직 그대의 삶을 살고 순간순간을 알아차려 바라볼 것이라

그러니 미친 중생들이여 이제 제대로 보았는가

곧 이어서 따라오는 그대의 정당화의 논리들을

그러니 바라보라

그대의 눈과

그대의 귀와

그대의 코와

그대의 혀와

그대의 몸과

그대의 의식意識에서 일어나는 모든 것을 알아차리라

오직 미친 마음이 달라지기를 원하지 말고 그저 바라볼 뿐이면 모두 사라지리니

몇 십초마다 다른 생각을 해대며 피곤에 지쳐있는 그대를 제대로 바라보라light view, 가장 위대한 도전은 '참 나'를 찾는 것이리.

그대여 이제 알아차렸는가

우리의 언어는 존재의 본질을 제대로 나타내지 못하고 있다는 것을

그대여 사과의 맛을 타인에게 전달해 보았는가.

사과가 달콤하다

사과가 새콤하다

사과가 시원하다

그리고 몇 개의 맛을 더 전달할 수 있는가. 더 한다 할지라도 완벽하지 않을 것이니 오죽하면 예수가 십자가의 길로 나아가 '저들은 아무것도 모르나이다 저들을 용서하소서'라고 했으며 달마는 왜 숭산의 소림굴에서 면벽 9년을 했겠는가.

그러니 들으라

나에 대한 근원을 안다는 것은 인간가치에 대한 진정한 이해로부터라는 것과

자비는 사랑의 다른 이름이며

자기를 진정 사랑하는 자는 자기 자신이며

자신을 사랑할 줄 모르는 자는 이웃도 사랑하지 않는 자이니

그대여 알아차리라 자기완성으로 '너나 잘 하세요'라는 말이 바람에 날아 다니는도다.

그대의 마음을
죽여야 하는
이유

　　그대의 마음은 실재세계實在世界 너머에 있으며 사람들과
인과는 공간 안에서 일어나는 사건들의 시간 속에서의 연속
을 말한다. 하지만 그대여 그것은 물리적이거나 정신적인 것
이다. 시간과 공간, 인과는 마음과 함께 일어나고 가라앉는 정
신적인 것이 아니던가. 또한 인과는 직접적이거나 간접적으로
전 우주가 가장 작은 사물의 존재에도 기여하고 있나니 그것
은 나비효과Butterfly Effect이며 카오스의 그것이라. 곧 지구
안에 존재하는 어떤 사물도 특정한 원인을 갖지 않나니 그것
은 우주 안에 존재하는 것에 의해 구속받지 않기 때문이라.

　　그대여 따라서
　　우주는 근본적으로나 전적으로
　　서로 자유로운 어떤 원리의 한 나툼이며 각자의 몸짓이며
표현이니

170

그것이 바로 태양과 달의 표현이며 지구의 실재요 명백한 현현evidence이요

창조의 나타남이라.

그대여 그것은

'하나님은 원래부터 그 자리에 계셨다'처럼

어떤 사물도

어떤 특정한 원인 없이도 있을 수 있나니

마치 그대가 다른 여자의 몸을 빌려 태어날 수 있었던 것처럼

태양과 지구조차도 가장 중요한 요인 없이는 그대를 태어나게 하지 못했을 것이니

다만 그것은 그대가 이 세상에 태어나고자하는 커다란 욕망이 있었음이라

그대여 그러므로

욕망이 탄생을 일으키고 이름과 형상을 만들며 그대가 창조한 허망하고 번민만 가득한 세상에서

실오라기 같은 작은 쾌락에 의지하며 그 바다를 어찌 건널꼬.

죽음의 소나티네
사마타를
아는가?

그대의 생명이 소멸의 상태에 이르면 연주가 시작된다. 바람이 창문을 흔들고 커튼이 춤을 추기 시작하면 그대의 호흡은 가빠지면서 서서히 사그라들 것이다.

그대여 다시 묻노니

죽음이 가까워지면 비로소 보이는 '죽음의 소나티네 사마타samatha를 아는가

그대여 들으라, 붓다께서 다음과 같이 말씀하셨나니

"호흡을 관찰하라. 그대의 들숨과 날숨을 놓치지 말고 바라보라. 그대의 들숨과 날숨을 빠짐없이 살필지니 그럴 때 몸과 마음이 편해지고 몸속을 떠도는 거친 생각과 나쁜 생각들이 순해지며 그 순간부터 진실 되고 확고부동한 생각을 닦아 스스로 만족하게 될 것이라"

그대여 알겠는가

그대도 가고 나도 죽음의 저 편으로 가노니

이것을 제대로 아는 자가 고결한integrity 자리에 앉을 것이리니

그대는 오복 중에 하나인 고종명考終命을 바라는가

그대여 모든 것은 영원하지 않노라

아는 자는 알려지는 것과 더불어 일어나고 곧 스러지나니

그대가 찾는 것은 시간을 넘어 있어라

그러므로 그대가 말하는 '영원하다' '영구적'이다 라는 것은 여기에 없을지니

그대여

마치 잠 속에서는 알려지는 것도 없고 아는 자도 없듯이

몸으로 하여금 감각을 느끼고 사물을 받아들이게 해주는 것은 무엇이던가

그대여

죽음에 대하여 아는 자가 없었다고 말 할 수 있는가

잠 속에서는 사물들과 생각들에 대한 경험이 없었다, 그뿐이다

그러나 경험이 없다는 것도 경험이나니

그것은 마치 어두운 방에 들어가면 아무것도 보이지 않는

것과 같아라

　태어나면서 장님으로 태어난 사람이 어둠을 모르듯이

　아는 자만이 자신이 모른다는 것을 아노니

　소크라테스가 그것을 알아차려 아테네에서 가장 지혜로
운 자가 되었듯이

　잠은 단지 기억이 없는 것이나 그러나 그대여 삶은 계속되
노라.

　하지만 그대여 죽음은 몸이 살아가는 속에서의 변화라

　죽음은 통합이 미완성으로 끝나고 해체가 시작되는 것이니

　그대 언제 알아차리겠는가

　우린 갇혀있지 않아

　집안 속에든 몸속에든

　가둔다 해도

　우리는 영혼이기에

　바람처럼 자유롭지

　마치 대양을 건너는 알바트로스Albatross처럼.

　노자가 말했다.

　수레바퀴에 서른 개의 살이 중앙으로 모이는데, 거기에 빈

구멍, 곧 무無가 있다.

삼십폭공일곡 당기무 유거지용三十輻共一轂 當其無 有車之用
Thirty spokes converge upon a single hub. it is on the hole in the
center that the use of cart hinges.

이 무無가 있으므로 바퀴는 그 기능을 가지나니

만약 우리들의 삶에 죽음이 없다면 그대 어쩌려는가

그러니 그대의 이야기가 진실인가보다는

다른 사람을 실망시키더라도 그대 자신에게는 진실했는가
묻노니

자신의 영혼을 배신하지 않을 수 있는지

그대 자신과 홀로 서있을 수 있는지 그 고독한 순간에 자신
과 함께 있을 수 있는지 말이다.

그대여 알지 않는가

땅에 떨어져 까맣게 변해버린 봄날의 우아한 목련에서

꽃의 아름다움을 찾지 못한다는 것을.

그대의 몸이
대지로 돌아갈 때
비로소 진정 춤추리

사실 자유라고 하는 것이

가장 강력한 사슬이 되지

자유롭기 위해 버릴 것은

자기 안에서 찾아야 하나니

그대 날개는 작고 몸은 크노니

그대의 몸이

대지로 돌아갈 때

비로소 진정 춤추리

죽는다는 게 뭘까

벌거벗은 채 바람에 실려

태양 속으로 녹아드는 것

숨을 거둔다는 것은 뭘까

끝없는 숨결의 파도에서
숨을 해방시켜서
홀가분히 신을 찾아
하늘로 퍼져나가며
올라가는 것

오직 침묵의 강물을 마셔야
진실로 노래하고
산꼭대기에 닿아야
비로소 올라가기 시작하나니

그대들 중 어떤 이는 말한다
'기쁨은 슬픔보다 위대하다' 또 어떤 이는 말한다. '아니다
슬픔이야말로 위대한 것'
그들은 언제나 함께 오는 것
하나가 그대와 함께 식탁에 앉아 있을 때
기억하라, 또 다른 하나는 그대의 침대에서 잠들고 있음을

진실로 그대는 기쁨과 슬픔 사이에서 저울처럼 매달려 있나니

　　그러므로 그대가 텅 비어있을 때만 그대는 멈춰 서서 균형을 이루리라

삶도 죽음도
한조각
뜬구름

그대여 칼릴 지브란도 노래했다

"사람들아 내게 말해다오

이 집들 속에 너희가 가진 것이 무엇인가?

문을 잠그고 너희가 지키는 것, 그것이 무엇인가?

너희에게 평화가 있는가, 너희의 힘을 드러내 줄 고요한 정열인 평화가?

너희는 기억을 가지고 있는가, 마음의 산봉우리들을 이어주는 마음의 산봉우리들을 이어주는 반짝이는 둥근 다리에 대한 기억을?

너희에게는 아름다움이 있는가, 나무와 돌로 만들어진 물건으로부터

너희의 가슴을 이끌어내어 거룩한 산으로 인도해주는 아름다움이?

말해다오, 너희는 이 모든 것을 집 속에 지녔는가?

그렇지 않으면 편안함과, 편안함에 대한 욕심뿐인가?

그대들의 역사에서 그대들은 손님으로 찾아와서 이윽고 주인이 되고, 드디어는 정복자가 되는 저 도둑 같은 편안함뿐이었나니

그것은 너희를 길들이는 자가 되어 갈고리와 채찍으로 너희를 더욱 큰 욕망의 꼭두각시로 만드노니

그 손길은 비단 같을지라도, 그 속은 무쇠로 만들어져있을지라"

그것은 너희에게 노래를 불러주어 잠들게 하나니 그러면서 침상 옆에 서서 너희 육체의 존엄성을 비웃는 자이다

그대여 알아차렸는가

그자는 그대의 건전한 감각을 비웃으며 깨어질 그릇처럼 가시덤불 속에 던져버린다는 것을

그대여 알아차렸는가

진실로 편안함을 탐하는 마음은 영혼의 정열을 죽이는 것이 아니던가

그리고는 황급하게 장례식장으로 미소를 띠며 걸어가게 되리라

그러니 그대여 알아차리라

잠 속에서도 제대로 잠들지 못하는 그대여 덫에 걸릴지라도 절대 그것에 길들여지지말라

그대의 집은 덫이 아니라 돛대가 되어야 하느니.

그대는 아는가

아침에 태어나 저녁에 죽는 곤충에 대하여

어느 날 그대는 이 곤충을 불쌍하다고 말하지 않았든가

하지만 그대여 이 곤충은 하루를 완전히 산다는 것도 아는가

오 그대여, 이것을 아는가

발에 밟히는 작은 풀잎들도 모진 바람을 견뎌내며 꽃을 피우고 자기에게 주어진 삶에 완전성을 부여하나니 더구나 그대는 곤충도 작은 풀잎도 아니도다

어떠한가 그대여

더구나 그대는 사람이 아니던가

그대에게 주어진 시간이 얼마나 남았는가.

그대가 불쌍하다고 여긴 하루살이와 작은 풀잎들도 짧은 시간에 집을 짓고 사랑을 나누고 아이를 낳고 육신의 생을 마

감하지 않던가

　이제 그들이 그대에게 물을 것이다

　하루에 할 수 있는 일을 칠십 평생에도 다 마치지 못하는
가 하고.

　그대여 앉으라

　시간은 마음의 문제요

　시간은 항상 똑같은 속도로 움직이나니 알아차렸는가

　그대여 앉으시게

　몸이 사라지면 몸의 아는 자가 나타나듯이

　죽을 때는 몸만 사라지고 생명만 남을지니

　다만 의식이 형상을 나투기 위해 몸이라는 도구가 필요하
듯이

　생명이 다른 몸을 산출하면 다른 아는 자가 생겨나노니

　그대여 보았는가

　기억의 몸memory body과 원인의 몸causal body이 무엇인지를

　사람이 산다는 게 생야일편부운기生也一片浮雲起 사야일편
부운멸死也一片浮雲滅이라 삶은 한 조각 뜬구름 일어남이요 죽
음은 한 조각 뜬구름이 스러짐임을

그대여 제발 부탁하노니

무한한 것과 유한한 것을 혼동하지말지라

그것은 동일한 것이 아니로되

죽음에서는 몸만 죽고 생명은 죽지 않음이요 의식도 죽지

않고 실재實在도 죽지 않나니 기억할 것이로되

오 그대여

모든 축복은 내면에서 나오나니

오직 내면으로 들어가라

그것을 수행이라 하며 참 나의 세계로 향하는 지름길이오

그 문은 수행을 통하여 오직 그대만이 열 수 있나니

그것은 안으로 잠겨있기 때문임으로 해서

그대여 알겠는가

그대 인생의 비밀을

그대가 수행을 통해서 참 나에 도달하지 못한다면

그대가 수행을 통해서 이 세상 최고의 희열을 맛보지 못한

다면

대체 그대의 삶이 무슨 의미가 있겠느뇨

그대여 자연을 보라

그대여 숲속의 나무를 보라

도시에 늘어선 가로수 나무들을 보았는가

무엇이 다르든가

그대여 어쩌겠는가

지구별에 지구복을 입고 태어났으니

언젠가는 지구복을 벗고 떠나야하며

어떤 물질도 어떤 명성도 영원하지 못하다는 법칙 속에 갇히고 말았나니

더구나 그대여

이 법칙은 지구별에 태어나게 한 목적을 잊어버리고 사는 사람에겐 그 집착이 사라질 때까지 똑같이 되풀이해야만 하느니

마치 죽음보다 더 큰 반항이라는 이름의 시지프스의 신화처럼

그대여 다시 묻노니 숲속의 나무를 보았는가

그렇다면 나무는 얼마나 고요한가

그대여 자연에서 고요를 배우라

마음이 고요해야 주변의 고요함을 알 수 있나니

다만 온 마음을 다해 바라보라

그때 비로소 모르는 것들의 노예로부터 풀려날지니

그것이 원인과 작용의 법칙을 알아차려

그것의 주인이 될지니 그대여 죽음을 기억하라memento mori

오 그대여 아는가

죽을 때를 모르는 사람은 살 때도 모르는 사람이오

바다가 마르면 밑바닥이 나타나지만 사람은 죽어도 마음을 알지 못하노니

바람과 비구름, 번갯불과 천둥이 원래부터 형체가 없지 아니한가

그러나 그대여 뜨거운 여름날 태양열이 이것들을 불현 듯 제각각 하늘에서 일어나 그들 자신의 모습으로 나타나지 않던가

이처럼 이 청정한 존재, 본래의 순수한 빛이었던 그대도 이 육체의 집착에서 벗어나 저 높은 자각의 빛에 이르는 것이 그대의 본래모습, 붓다의 자리일지라

하지만 그대여 말이 마차에 매여 있듯 본래의 자아는 이 육체가 아님을 알지라

마치 여행길의 고속도로에서 터널을 빠져 나온 그대의 빨간 자동차가 기억하는 것이 무엇이든가

그대여 아직도 알아차리지 못했는가

그대도 다른 사람들처럼 죽기 며칠 전, 아니 몇 시간 전에 알아차리겠는가

태양이 없으면 무지개가 없듯, 비가 없으면 무지개를 볼 수 있겠는가

태양과 비, 그것들이 함께 무지개 되듯 기억과 고통이 그대의 인생이나니

그대가 이제 숨을 멈추면 새들의 노랫소리를 듣지 못하며

그대의 숨이 코에서 떨어지면 꽃향기는 누가 맡을꼬

하지만 그대여

그대가 숨 쉴 때 우린 그대를 호흡이라 불렀으며

그대가 말할 때 우린 그대를 입이라 불렀으며

그대가 볼 때 우린 그대를 눈이라 부른다

그러므로 호흡, 입, 눈, 마음 등의 호칭들은 그 부분적인 기능에 따라 임시로 붙여진 이름들뿐이리니 그대의 그 위대한 몸은 무엇인가

이제 알아차렸는가, 이제 그대가 탈출할 수 있음을

그대여

마치 잠 속에서도 알려지는 것도 없고 아는 자도 없듯이

몸으로 하여금 감각을 느끼고 사물을 받아들이게 해주는 것은 무엇인가

그대여
죽음에 대하여 아는 자가 없었다고 말 할 수 있는가.
잠 속에서는 사물들과 생각들에 대한 경험이 없었다, 그뿐이다.
그러나 경험이 없다는 것도 경험이나니
그것은 마치 어두운 방에 들어가면 아무것도 보이지 않는 것과 같다.
테어 나면서 장님으로 태어난 사람이 어둠을 모르듯이
아는 자만이 자신이 모른다는 것을 아노니
소크라테스가 그것을 알아차려 아테네에서 가장 지혜로운 자가 되었듯이
잠은 단지 기억이 없는 것이나 그러나 그대여 삶은 계속되노라
하지만 그대여 죽음은 몸이 살아 가는 속에서의 변화다
죽음은 통합이 미완성으로 끝나고 해체가 시작되는 것이니
그대 언제 알아차리겠는가.

4

기쁨과 슬픔은 항상 같이 오는 것

멈추고 고요해질 때
고양이처럼 찾아오는
지혜와 창조

그대여 아는가
고양이는 부르지 않을 때 슬쩍 다가온다는 것을

마지막으로 묻노니 그대는 바보인가 그렇지 않은가

찾는 물건을 왼손에 들고 여기저기를 두리번두리번 거리는
바보가 그대 아니던가

6년의 고행 끝에 모든 화두를 풀고 대광명의 자리에 오르
신 붓다의 멋진 희유稀有rare의 미소도 자기 안의 부처를 발견
한 것에서 비롯된 것이라

그렇듯 '참 나'는 밖에서 구하는 것이 아니라 명상을 통해

그대 안에서 찾는 것이라

그대여 춤추라

참나는 그대의 가장 친한 친구요 그대의 가슴 속에 완전한 채로 존재하나니

참나는 만물의 형태 없는 바탕이자 우리 삶의 모든 토대이어라

그대여 참나는 마음의 목격자이나니

그대 안에는 그대가 깨어 있을 때 하는 모든 행동을 관찰하고 있는 존재가 있으니

밤에 그대가 잠들 때에도 그 존재는 함께 잠들지 않고 깨어있어서

그대가 그대에게 꾼 꿈에 대하여 아침에 일러주나니 그 사람은 대체 누구인가.

카타 우파니샤드에서도 꿈의 상태와 깨어 있는 상태를 모두 지각하는 자가 모든 것에 스며있는 '참 나'와 우주의 모든 실상을 발견하고 기쁨에 춤춘다고 하였나니

그러니 그대여 이제 그만 멈추고 고요히 앉으라

그대가 수행을 통해서 참나에 도달하지 못한다면 대체 그대의 삶이 무슨 의미가 있는가.

따라서 그대 자신의 즐거움을 위하여 참나를 구할지니 한 번 참나의 영광을 깨닫게 되면 세상에 이보다 더 위대한 것이 없다는 것을 증거하게 될 것이라

그대여 자연을 보라 그대의 숲속에 굳건히 자리하고 있는 나무를 보라
도시에 줄지어 늘어선 가로수를 보았는가
무엇이 다르든가

그대 안에 나무들이 바람에 흔들리다가 멈추어 고요해질 때 비로소 주변의 고요함을 알 수 있나니 온 마음을 다해 바라보라

그때 그것의 원인과 작용의 법칙을 알아차려 지혜와 창조의 주인이 될지니
움직이는 것은 오직 필름과 그대 마음뿐

그대여 아는가

붓다는 허상의 모든 것으로부터 탈출하기 위한 첫 지도를 마련해준 발견자라는 것을

그대여 알아차렸는가, 그대 뇌에 꿈틀대는 몇 개의 허상에 대한 알고리즘algorithm을
그렇다면 지금에서 탈출하기 위한 탈출지도를 완성할지라

아니면 그대 접시에 담긴 음식의 레시피를 보라, 무엇이 탄수화물이며 무엇이 샐러드이며, 무엇이 단백질이든가. 그도 아니면 어느 것이 단맛이고 매운 맛이며 어느 것이 짠맛이든가.

그대여 알아차리라

그대는 새벽의 여명을 보기위해 손전등을 비추고 있나니
그것은 이미 그대안에 머물고 있는 붓다를 보기 위해 손전등으로 태양을 찾으려하는 것과
다르다고 하지 않든가. 그것은 그대 안의 붓다는 그 빛이 심히 찬란하나니
언제까지 피하며 운명을 탓하며 멋대로 거리낌 없이 방일 放逸하겠는가.

그대여 바라노니 다시 앉으라

시간과 공간 안에서 규칙적으로 움직이는 원인과 결과의 인과성causality을 바라보라

그 안에 너와 나가 있던가. 그러니 알아차리라

모든 사물이나 일에 작용하는 원인과 현상이 일정한 조건 아래에서 결과라 불리는 현상을

필연적으로 만들어 내는 법칙에 대하여 그것이 붓다의 마음의 레시피일지니

그러니 다시 보라, 그대의 생각이 바로 자신의 세상이다.

한 사람이 무엇을 생각하면 그것이 되듯 이 깨달은 자 붓다를 생각할지니

마음이 더없이 높은 지고sublimity가 되면 바람이 몰아치고 번개가 내리치고

온 세상이 뒤집어진다 해도 그대만이 홀로 앉아 그 존재의 이유를 알아차릴지라.

그대여 알아차렸는가

참나의 몸이 마음이었다는 것을

언제나 하나의 사물은 있는 그대로 존재하는 것이나

다만 영화처럼 오직 빛만이 존재하며 그 빛이 전부일 뿐 그대는 지금 허상을 보고 허상에 의존해 춤을 추고 있나니 모두 꿈일지라.

그대여 모든 것은 오직 빛으로 만들어진 하나의 그림, 한 편의 영화이나니 그 안에 빛이 있고 빛은 그림 안에 있을 뿐.

그대여 돌이켜보라

영화는 어떻게 만들어졌는가

배우들이 있었는가 스텝들도 있었는가

아니면 감독들과 제작자들과 모두 함께하지 않았든가

그것은 우주의 모든 것이 서로 연결되어 있듯 무수한 원인이 그대와 함께 하도다

만약에 수행이 없어 그것을 알아차리지 못한다면 그대의 삶은 동물들의 그것과 무엇이 다르단 말인가

그대여 다시 알아차리라

영화가 상영되었다

그대는 지금 스크린에 비추어진 화상을 숨죽이며 보고 있

는가

그렇다면 스크린에 움직이는 화상이 빛이라는 것도 아는가

그대여 빛은 움직이지 않나니 오직 움직이는 것은 필름과 그대의 마음뿐이라

그대는 지금 무엇에 묶여 있는가를 살필지니 혹시 여섯 개의 밧줄이 아니던가

눈과 귀, 코와 혀, 몸과 의식이나니 그것들의 작용을 알아차려 붓다의 자리에 앉을 것이라, 비로소 그대의 역할이 창조된 것이 아니고 무엇이랴.

마지막
집착의 바다를
지나면서

그대여 이제 알아차렸는가

불평과 대립이라는 정글을 스스로 만들어 놓고 마치 괴상한 외침을 타잔처럼

멋지게 질러대는 것이 그대라는 것을

어느 날 갑자기 굉음의 람보르기니를 타고

전설의 배우처럼 달리고 싶은 욕망을 억누르거나

비 오는 날 모든 차들을 뒤로하고 페라리를 타고 요리조리 달리는 것이 그대라는 것을

아니면 우아함의 드레스를 하늘하늘 걸치고 많은 시선을 바람처럼 즐기며

가장 비싼 핸드백 모우와드Mouawad를 왼팔 깊이 끼고 빨간 카펫 위를 걷는 그대이거나

그대여 혹시 이것이 그대의 삶이든가

욕망이라는 이름의 전차에서 아직 내리지 못했거나
의미도 없고 기쁨도 없는 그 삶속에서 숨을 헐떡이어라
인격이란 단지 실재의 한 반영일 뿐, 그 실체를 바로 볼지니
그것은 마치 꿈을 꿀 때에는 깨어 있는 세상이 존재하지
않는 것이라
그러니 그대여 어떤 행위를 하던 매순간을 알아차리라

그대는 더 이상 지금을 목적을 위한 수단으로 여기지 말라
그것은 오직 에고만이 그렇게 하기 때문일 것이니

알았는가 그대여
알아차리기 전의 그대 삶의 모든 것은 영화처럼 오직 빛만
이 존재하는
그 빛이 전부인, 모든 것이 빛으로 만들어진 하나의 그림
한 편의 영화가 그대였다면 그 안에 빛이 있고 빛은 그림
안에 있을 뿐
그대는 어디에 있는가.

그대여 여기 위대한 비밀이 하나있노라

비밀은 다름 아닌 신의 이름들이나니 신의 이름은 많지만 그는 하나이나니

그것은 자기의 언어로 만들었을 뿐이라 그것처럼 그대여 그대와 나는 나이되 우리들이며

우리들은 서로를 차별하며 서로를 다치게 하거나 죽이지 말아야 하나니

그것을 절대 추구하거나 방관하지 말라, 아 수메르의 길가메시Gilgamesh는 어디에 있는가.

그대여

한걸음 더 깊이 들어 가보라 누가, 왜 그렇게 많은 종교를 만들었는가를

사람들로 하여금 싸우게 하는 자는 정치가일 뿐

오, 그대여 그 종교들은 신이 만든 것이 아니라 우리가 만든 것일 뿐

모든 나라, 모든 언어, 모든 종족, 모든 종교는 신에게 속하나니

선동하는 자들에게 귀를 막고 오직 그들을 위해 기도할뿐이어라

그대여 그대는 누구인가

옆에 누워 있는 사람은 누구인가, 남편인가 아내인가

지금 살고 있는 집은 그대의 집인가

그대는 나의 아내, 나의 남편, 나의 집에 살고 있으며

'이것이 나의 종교'라고 말하노니 그대여 아는가

우리는 우리가 마시는 물을 물이라 하고 인도인들은 빠니
pani라 하며

미국인들은 워터water라 할 뿐 그것은 하나의 물체를 각기
부를 뿐

신의 이름 또한 그러할지니 신은 오직 자비와 사랑과 순수
의 그대, 참나를 원했을 뿐

그대여 신은 거대한 대지이며 끝없는 바다이며 광대무변
한 우주인지라

신은 모든 곳에 존재하나니 그대 가슴에 존재하여 그대가
신神임으로 해서.

어느 독재자 왕이 신하에게 물었다.

'신과 나 가운데 누가 더 위대한가'

신하는 주저하지 않고 말했다. 늦으면 목이 달아나기 때문
이다.

'폐하께서 더 위대 하십니다'

왕은 기분이 좋아졌지만 그를 없애기 위해 다시 물었다.

'어떻게 그럴 수 있다는 말이냐'

신하는 바로 더 깊이 고개를 숙이며 대답했다.

"오, 폐하 만일 폐하께서 누군가를 받아들이고 싶지 않으시면 그를 폐하의 왕국에서 쉽게 내쫓을 수 있습니다. 그러나 신이 어떻게 자신의 왕국에서 누군가를 내쫓을 수 있겠습니까? 신이 그를 어느 곳으로 보낼 수 있겠습니까"

그대도 그러겠는가?

그대 종교에 속하는 사람만 받아들이고 나머지 사람들은 배척하겠는가?

그렇다면 그것은 신의 종교가 아니로세, 이미 그대가 신이며 붓다이거늘 어찌 그러겠는가.

그대여 다시 보라

물이 얼어 고체가 되고 불 위에 얹어져 기체로 변하듯

그대의 순수의식도 그러하나니 이제 그만 그대의 한계와 집착을 바라보라

그대는 이 우주에 하나뿐인 존재, 위대한 붓다로다

그러니 그만 앉으시라.

그가 수행자에게 물었다.
'사람의 목숨이 얼마 동안 있는가?'
수행자가 대답했다.
'며칠 사이에 있습니다.'
'너는 아직 모르는구나.'

다른 수행자에게 물었다.
'사람의 목숨이 얼마 동안 있는가?
'호흡하는 사이에 있습니다.'
'그렇다, 너는 알고 있구나.'

그렇다, 호흡은 그대의 몸과 존재의 중심을 연결해주지 않든가

호흡은 존재의 중심으로 들어가는 통로이며 다른 의식으로 들어가는 통로이어라

그곳이 남쪽의 따뜻한 곳이거나 북쪽의 추운 곳이거나 갓 난아기의 부드러운 호흡으로 시작하여 코를 통하여 단전까지 숨을 들이쉴지니 이 들숨과 날숨이 그대를 집착의 어두운 바

다를 지나게 할 것이라

그대여 놀랍게도 이 한 번의 호흡이 그대를 정화하고 슬픔과 비탄을 극복하게 하며 고통과 괴로움을 소멸시키며, 아울러 깨달음의 진리의 자리에 안내하노니 절대 잊지 않아야 하나니.

그대의
특급 레시피의
비밀

　그대여 그대가 분류하고 이름붙인 모든 것을 관찰해 보았
는가

　그대여 그대가 주문한 접시 위의 음식들을 자세히 보았는가

　거기에는 얼마 전 만들어낸 그대의 욕망과 어린 시절의 환
경과 체험을 더하여
　연합된 세속적 의미가 담겨있나니 그대가 선택한 레시피
를 바라보라
　보이는 형제들을 사랑하지 못한다면 어찌 보이지 않는 신
을 사랑할 수 있겠는가
　그대여 자세히 보았는가, 그 특급레시피를

　그대는 행위하고 난 뒤에 자신의 의지를 바라보나니

그것은 그대가 한 것이 아니라 그대의 기억이 결정한 것이라

접시 위의 모든 것은 영양이 좋기 때문에 맛이 좋고 비싸기 때문에 분위기가 좋아야 하니

때로 그대는 그것을 가성비라는 다른 이름으로 분류하는 공식을 가지고 있지 않던가

그대여 그대가 선택한 남자는 어떠한가, 또한 여자는 어떠한가

남자와 여자라는 이성들의 관념도 그대가 만들어낸 특정 방식으로 생각하고 행동하나니

그대의 마음에 레시피를 살필지라, 그것이 그대 식사食思이든가

이제 음악이 흐르고 그럴싸한 식탁에 앉았고 비싼 스테이크나 부드러운 생선이 주문되었다

그리고 이벤트를 위해 감추어둔 꽃다발과 선물이 주어졌어라

아, 얼마나 숨 막히는 장면이든가

그리고 세상에서 가장 부드러운 목소리의 마지막 그대의 멘트 '사랑해'

그 말의 뒤에는 무엇이 담겨있는가 그 내면의 함의含意는 무

엇인가를 보았는가. 그렇게 해서 그대들은 습관처럼 규정해 버린 운명의 연인이 되고 사랑이라 이름 붙여진 부부가 되었어라

오 그대여, 지금 밖을 보라 얼마나 많은 사랑이라는 말이 넘실대든가

그렇다면 그대여 이제 알아차렸는가, 이 모든 결정과정의 비밀을.

다시 말하노니 정신적인 것이든 물질적인 것이든 그대가 분류하고 이름 붙여진 모든 것에는 그 이름과 연합된 세속적 의미가 존재하나니 그것이 명품백이요, 비싼 차가 아니고 무엇이랴.

그 이름은 부자라거나 명품이라거나 특별함이라는 이미지를 가졌다고 생각한 것이라

그 이름이 그대의 자아의식을 높이고 그대를 더 높은 욕망의 자리로 향하게 하는 힘이라

그 루이비통이, 그 포르쉐가 특별한 본질적 특성을 가지고 있는 것이 아니라 세상이 그렇게 의미를 부여했기 때문이

라, 산은 산이고 물은 물이듯이 근본적인 성질은 변한 것이
없어라.

그대여 이제 제대로 보라

그대가 정신적이거나 물질적인 대상에 대하여 이름을 붙
이고 특별한 의미까지 붙인 다음 멋지다고 집착하거나 싫다
고 버리는 것에 대하여

부처이거나
모우와드이거나
루이비통이거나
포르쉐이거나
모두 꼬리표에 불과한 것이라

그래서 이런 말이 생겼어라, "부처마저 죽여라"

알아차렸는가 그대여

그녀의 과거가 그대의 과거였으며
그녀의 고통이 그대의 고통이었나니

고타마 싯다르타도 그래서 출가한지라 '깨달은 자 붓다'라는 것은 이름표에 불과한 것이라

그대는 대상을 지칭하는 이름이 있으면 그 대상에 대하여 어떤 이미지나 인식을 갖나니

그것이 루이비통이요 페라리일지니 사실이 아닌 것은 반드시 그대를 허망하고 공허하게 만들지니 그대의 에고가 만든 분류와 이미지의 레시피를 모두 기록해보라

거기에는 남들이 모두 가지고 있으니 나만 가지고 있지 않으면 소외되거나 뒤쳐진 불안감까지 비웃음을 치며 그대를 쳐다보나니

그대여 또 하나의 이름표가 무엇인가
의사나 변호사나 교사와 청소부라는 이름은 무엇인가
모우와드나 루이비통이 동대문에서 산 가방의 이름과 이미지만 다를 뿐, 가방인 것처럼
그들도 인간이기는 마찬가지 아니던가

그 이름으로 인간적 차이를 확신할 수 없을지라

그대여 그런 정신세계를 식識의 판별이라 하나니 그렇게 아는 앎이 바로

그대의 이원화된 앎, 무지, 번뇌, 망상이 아니고 무엇이랴

그것은 다름 아닌

그대가 이름붙인 의미가 고상하고, 부자고, 특별하다는 것이지 정말로 그것으로 인해서 그대가 그런 사람이 되는 것은 아니나니, 그 이름에 붙여진 의미들과 이름이 지칭하는 대상 간의 차이를 인식해보라. 그렇다면 그 이름은 단지 꼬리표에 불과하다는 것을 깨달을지라

이것을 근원을 돌이켜 보는 깨달음의 견도見道The path of insight로 삼을 것이라.

깨달음을 공부한다는 것은 자신을 공부한다는 것이오

자신을 공부한다는 것은 지금까지의 자기自己를 잊는다는 것이라

자신을 잊는다는 것은 곧 내가 아닌 자비의 우리를 안다는 것일지니

이제 그만 힘들어하는 모든 이들에게 붓다의 손을 내밀어야 할 것이라

자비의 시작은 기적을 만들어내는 첫걸음이나니.

기쁨과 슬픔은
언제나
함께 오는 것

그대여 알고 있지 않은가

기쁨과 슬픔이 같이 다니며 그대를 넘본다는 것을

아름다움은 추함을 예고하고 일출은 일몰과 함께 하듯이

그대여 알고 있지 않은가

그대의 접시위에 단맛과 짠맛이 균형을 이루어

그대의 혀를 통해 맛의 뇌를 행복하게 한다는 것을

그대여 지금 식탁의 행복이 그대가 만든 레시피와 함께
하나

곧 그대가 잠들 침대에서 불행과 동침하게 된다는 것을

그대여 이제 인생의 남은 시간을 확인해볼지라 하루에 할
일을 지금껏 못하고 있어라

생각이 청정하면 자신의 이익을 알 수 있고 타인의 이익을 알 수 있으면

사람의 성품을 뛰어넘는 고귀한 앎wisdom과 봄look at을 실현할 수 있을지라, 탈출지도를 처음 발견한 발견자 샤카무니 붓다는 이렇게 말씀하셨다

그대여 아는가Do you know

모든 죄악 짓지 않고Do not commit evil

모든 착하고 건전한 것들을 성취하며Try to be good to all beings

자신의 생각을 깨끗이 하는 것Keep your mind pure all the time

이것이 모든 깨달은 붓다들의 가르침이다This is the teaching of all the Buddhas.

그러니 그대여 이제 참된 자기를 발견하였는가

왜냐하면 자기自己가 있는 자는 깨달음(해탈解脫, 굴레나 얽매임에서 벗어남)의 경지에 닿을 수 없기 때문이니 자기가 있다면 그대의 몸은 쾌락의 몸이요, 탐욕의 몸이기 때문이요

그러므로 그대는 마음도 아니요, 그대의 영혼도 아닐지니 그것을 떠나

오롯이 나만 남는 나는 누구인가, 그게 바로 나요I am that

어떤 것도 덧 씌어 지지 않은 존재 그것이 바로 그대이니

자기방어로 딱딱해진 허물을 벗어 던지고

그대는 오직 단 하나의 이름 '나'라는 위대한 이름을 가질 지라

그때 기쁨과 슬픔이 함께하는 곳에서 연꽃잎 하늘에서 휘날리는 기쁨과 환희만이

존재하는 자리에 앉게 되리니 그대 이름 붓다로세.

5

붓다 제대로 따라 하기

기적을
일으키는
방법

그대여 앉으라 시작은 기적을 일으키는 유일한 방법일지니

샤카무니 붓다께서 니카야Angutta ttara Nikya에서

깨달음의 네 가지 핵심을 이렇게 전하셨나니, 이것을 꿰뚫지 못하여

나뿐만 아니라 그대들도 오랜 세월을 유전遺傳Genetic하며 윤회輪廻하였어라

그러므로 그대여 특별한 네 가지 원리에 대하여 알아차리고 따를지니

깨달음의 네 가지는 원리는 무엇인가Then, What are four Principles.

그것은 바로 처음이 고귀한 계율에 깨닫지 못함이니 이것에 대하여 깨닫고 꿰뚫어야 함이요

Firstly, You didn't realize and penetrate noble precept

두 번째가 고귀한 삼매에 대하여 깨닫지 못하고 꿰뚫지 못해서 인지라

Secondly, You didn't realize and penetrate noble samadhi

세 번째로 고귀한 지혜에 대하여 깨닫지 못하고 꿰뚫지 못해서이나니

Thirdly, You didn't realize and penetrate noble wisdom.

네 번째로 고귀한 해탈에 대하여 깨닫지 못하고 꿰뚫지 못해서일지라

Fourthly, You didn't realize and penetrate noble enlightenment.

그대여 잊지 말아야 할 것은 이것이라

태양이 떠오를 때 반드시 새벽을 거쳐야 하는 것처럼 순서에 따라 수행할지니

가장 먼저 수행자의 마음자리가 청정함에 이르고, 이것을 바탕으로 선정에 이르며

이러한 선정의 토대 속에서 지혜를 알고 경험하며, 이와 같은 대지혜의 힘으로

아홉 개의 선정을 완성하기 위해 스스로를 계율에 가둘지니

그것을 우리는 성스러운 구속이거나 아름다운 구속이라 하나니 마음으로부터 우러나 올바로 실천할 것이로세.

내가 다시 말하노니

계율이 완성되지 못한 자는 선정에 들 수 없고 선정에 들어보지 못한 자는 지혜가 일어나지 않으며 지혜를 경험하지 못한 자는 해탈에 도달하지 못하나니 샤카무니 붓다께 예禮를 갖추고 수행법Buddha Jhana Bhavana을 받으라.

제 1 명상의 계율수행The First Meditation(Susila Bhavana)

그대여 첫 번째 명상으로 계율의 완성을 이렇게 시작하여
야 하나니

계율의 완성을 위해서는 '아딴누Attannu'를 실천해야 할
지니
아딴누는 다름 아닌 자기 자신의 내면의 실상을 알아차리
는 것이리
그러한 자신의 허물을 알고 이해하고 받아들여 그 허물이
만들어낸 옳지 못한
습관을 건전하고 올바른 습관으로 바꾸어 나갈지니
그대여 이 실천으로 자기 자신의 심신이 청정해질 것이라

그대여 알아차렸는가

너무 어리석어 남의 잘못은 보기 쉬워도 그대의 잘못은 보
지 못했음을
마치 쇠에 붙어있는 녹은 자신으로부터 나왔지만 자기 자
신을 해치는 것처럼

이와 같이 모두가 스스로 지어내어 스스로 받는다는 원리가 그것이라

남의 허물을 들여다보는 것은 무지無知ignorant해서 생기는 것이며
깨끗함과 더러움은 각자가 짓는 것, 누가 누구를 어쩔 것인가

그러므로 그대여 아딴누Attannu의 수행을 통하여
자기 자신의 허물을 바라보고 어떻게 정화하고 변화시킬 것인지 마음에 레시피를 새로 담아 청정한 그대만의 접시에 담아야하나니.

그대여 아는가
그대가 청정하지 못한 것은 신身과 구口와 의意의 세 개의 업three karmas이 혼탁하기 때문이라

그대여 올바른 생각과 올바른 언어와 올바른 행동으로 그대의 허물을 정화淨化 시킬지니
올바른 생각은 욕망을 여윈 사유, 분노를 여윈 사유, 폭력을 여윈 사유며

올바른 언어란 이간질하지 않음이니 폭언하지 않고 아첨하는 말을 하지 않음이요

올바른 행위란 살아있는 생명을 죽이지 않고 주지 않는 것을 빼앗지 않음일지라

하지만 그대여 여기에 하나를 더할지니 바른 직업과 올바른 생활로 생계를 도모圖謀promate하는 것이 수행의 기본이나니.

샤카무니 붓다께서는 이렇게 말씀하셨다

"출가자는 남을 해치지 않는 자이고 수행자는 남을 괴롭히지 않는 자이다"

이 계율이 완성된 수행자는 순서에 따라 다음 수행의 문을 열것이라

제 2 명상의 선정수행The Second Meditation(Jhana-Bhavana)

그대여 두 번째 명상에서 선정의 완성은 이렇게 시작해야 하나니

선정의 완성을 위해서는 두 가지 수행의 실천으로 도달해야 할지라

그 두 가지란 무엇인가.

그것은 멈춤samatha과 그대의 내면vipassana을 있는 그대로 보는 것이라

멈춤의 사마타sammatha는 알아차림Anapanasati의 호흡수행이며

위파사나vipassana 정정진正精進(sammavayama)의 수행이나니

멈춤의 사마타sammatha는 아랫배를 이용해 숨을 천천히 들여 마시고 천천히 내쉬는 동작에 집중해야 하나니 이것은 몸을 이완시켜 긴장이 풀어지고 마음이 여유로워 화와 스트

레스가 소멸될지라

그대여 들으라 아직도 남아있는 탐욕과 분심忿心anger을 정
화시키고 번뇌망상이 요동치지 않도록 집중된 호흡훈련법으
로 쉼 없이 정진할 것이라

그대여 어떤 것이 정진인가What is one thought?

이미 생겨난 악하고 불건전한 것은 버려야 한다는 생각을
놓치지 말며
아직 생겨나지 않은 악하고 불건전한 것은 생겨나지 않도
록 노력하며
이미 생겨나지 않은 착하고 건전한 것은 더 이상 줄어들지
않도록 노력해야 하고
아직 생겨나지 않은 착하고 건전한 것은 생겨나도록 놓치
지 않는 일이 그것이다.

그러나 그대여 전조현상(Nimita)을 알아차려야 하나니

눈을 뜨거나 눈을 감거나 일정한 형태 또는 불규칙한 행
태 등 다양한 유형의 현상이 보이거나 신체의 일부에 이상한

변화가 나타나노니 하지만 이것은 꿈처럼 이슬처럼 잠시 나타났다가 사라지는 일시적인 현상이라 그것에 생각을 빼앗기지 말지라.

그대여 위파사나vipassana 정정진正精進(sammavayama)의 수행은 어떻게 하는 것인가

이것은 몸, 느낌, 마음, 사실이라는 네 가지 현상들에 대하여 있는 그대로를 관찰하는 것이라

지금 이 순간을 알아채고 세상의 탐욕과 근심을 제거하며 다음을 행할지니

- 몸에 대하여 몸을 관찰insight of seeing that the physical body is impure
- 느낌에 대하여 느낌을 관찰insight of seeing that all sensations are the cause of suffering
- 마음에 대하여 마음을 관찰insight of seeing that the mind is ever impermanent
- 사실에 대한 사실을 관찰insight of seeing into the emptiness of things.

이 수행의 핵심은 현상에 대하여 있는 그대로를 관찰하는 것이며 자기의 임의적인 생각을 넣어서는 안 된다는 것이라. 그러므로 그대여 번뇌와 망상을 고요히 가라앉히고 있는 그 대로를 관찰하는 힘을 키울지니 탐욕과 분노로부터 자유로워 질 것이다.

이 계율이 완성된 수행자는 순서에 따라 다음 수행의 문 을 열것이라.

제 3 명상의 지혜수행The Third Meditation(Panna Bhavana)

그대여 세 번째 명상에서 지혜의 완성은 이렇게 시작해야 하나니

지혜의 완성을 위해서는 네 가지 수행을 실천으로 도달해야 할지라

그 네 가지란 무엇인가

그것은 올바른 지혜를 얻기 위해서는 진리의 핵심인 지혜수행(Four Noble Truths 'Panna Bhavana')을 수행해야하니라.

샤카무니 붓다께서는 이렇게 말했다.

'길 가운데 팔정도가 최상이고 진리 가운데 사성제가 최상이다Among the Paths, the Noble Eightfold Path is the best, and among the Truths, the Four Noble Truths are the best.'

그것은

고苦refers to suffering와

집集cause of suffering이며

멸滅cessation of suffering과

도道path leading to the cessation of suffering를 말하니라.

고苦refers to suffering는

세상의 형상이 있는 모든 것은 탄생과 소멸을 겪으며 존재하니 그대로가 고통이며

이 고통은 어느 곳 어느 인연을 막론하고 모두가 그대의 근원이 잘못된 인연이나 집착에서 오는 무명無明때문임을 알아차리는 것이오.

집集cause of suffering은

모든 고통의 시작은 절대 놓치지 않으려는 탐욕과 애착에서 비롯된 것이라

반드시 수행으로

스스로 깨달아 남김없이 버려야 하는 것이라

멸滅cessation of suffering을 통하여

고통을 일으키는 집착을 어떻게 버려서 그 고통으로부터 어떻게 완전히 벗어날 수 있는가

고통의 발생 원인을 살필지니 그대의 마음작용의 레시피를 자세히 바라보면 완전한 소멸의 길에 닿을 수 있나니

도道path leading to the cessation of suffering는

수행으로서 더 이상 고통이 일어나지 않도록 자신을 올바르게 하여 과거의 업연의 인연을 벗어나 건전하고 올바른 습관으로 변화되도록 하는 가장 수승한 실천적 경험을 얻어야 하는 것이라.

그리고 세 가지의 지혜를 이렇게 말씀하셨다.

첫째 문소성지Suta-maya-nana聞所聖智 경전을 읽거나 법문을 들어서 생기는 지혜와

둘째 사소성지Cinta-maya-nana思所聖智 경전을 일거나 법문을 들은 것을 스스로 사유하며 생기는 지혜라

셋째 수소성지Bhavana-maya-nana受所聖智 읽고 보고 듣고 사유한 것을 직접 느끼고 경험하는 지혜인지라

즉 첫째와 둘째의 말뜻은 누군가의 말에 의지하였거나 누

군가의 글에 의존하였기 때문에 타인으로부터 빌려온 지혜에 다름없지만 셋째는 그것에 대해 스스로 실천하는 수행을 통해서 얻은 지혜이니 가장 특히 뛰어난 수승殊勝의 수련법이나니

이와 같이 수승한 지혜가 생겨났다면 그대는 무명과 삼계 중, 욕계로부터 자유로워질 것이니

이렇게 지혜가 완성된 자는 순서에 따라 다음 수행을 시작할 것이다.

제 4 명상의 해탈수행The Fourth Meditation(解脫修行 Vimutti-Bhavana)

그대여 네 번째 명상에서 지혜의 완성은 이렇게 시작해야 하나니

지혜의 완성을 위해서는 아홉 가지 선정禪定의 과정, 즉 아홉 가지 등급(九次第定)의 수행을 차례로 실천하여 도달해야 할지라To do so , It is necessary to conduct nine kind of stage of attainment of jhana, namely, the samadhi of degrees.

그 아홉 가지란 무엇인가What is the samadhi of the nine degrees

그것은 올바른 해탈의 완성을 위해서는 해탈의 핵심인 아홉 가지의 등급을 수행해야 하나니It refers to the stage of perfect absorption as follows.

아홉 가지 등급nine samadhi degrees

1. 초선정初禪定

2. 이선정二禪定

3. 삼선정三禪定

4. 사선정四禪定

5. 공무변처정空無邊處定

6. 식무변처정識無邊處定

7. 무소유처정無所有處定

8. 비상비비상처정非想非非想處定

9. 멸수상정滅受想定이라

1. 첫 번째 선정初禪定The first jhana

아홉 가지 등급은 색계色界 사선四禪과 무색계오선無色界五禪으로 이루어진 삼매三昧samadhi의 과정이다. 이 과정이 중요한 이유는 이 초선初禪의 완성을 통해서만이 아홉 가지 등급 nine samadhi degrees을 마칠 수 있기 때문이며 또한 지혜를 완성한 후 반드시 도달해야만 하는 진리를 꿰뚫음에 대하여 수행자 스스로 직접적인 접근이 이루어지는 가장 높은 상위의 수행 화두話頭keyword가 있기 때문이라.

그대여 아는가

화두話頭keyword란 진리에 대한 의문을 통찰하는 것이라
는 것을

그것은 화두에 대한 의문을 자기 자신에게 일으킨 다음,
그것에 대한 알아차림이 올 때까지 지속적인 고찰考察study,
review, analysis이 있어야 하나니

하지만 그대여 우선 자기 자신에 대한 청정하고 망상의 멈
춤과 번뇌를 있는 그대로를 보는 선정을 완성하고 사성제四聖
諦catvāri āryasatyāni를 통하여 이치와 도리의 지혜를 완성한 뒤
드디어 초선의 화두수행을 해야 하나니

화두수행을 지속하는 중에 의문에 대한 명료한 지혜가 일
어나게 되는데 이때 순간적으로

아르키메데스가 찾았다는 외침 유레카ueraka처럼 눈이
번쩍이는 희열이 나타나는지라 이것이 초선의 완성된 모습
일지니.

2. 두 번째 선정二禪定The second jhana

이 초선의 상태를 놓치지 않고 집중을 계속하면 화두는 가라앉고 희열만이 존재하는 가운데 더 깊은 집중을 경험할지니 이것이 이선二禪의 완성일지라

3. 세 번째 선정三禪定The third jhana

이선二禪의 상태를 유지하며 집중을 유지하면 희열은 서서히 사라지고 오직 행복한 마음으로 깊은 명상을 지속할 수 있나니 이것이 바로 삼선三禪의 완성일지라

4. 네 번째 선정四禪定The fourth jhana

삼선三禪의 상태를 멈추지 않고 집중을 놓치지 않으면 아직은 감정의 오르내림이 남아 있는 행복한 상태가 지속되거니 이것을 버리고 얻게 되는 평온함의 단계로 바뀌고 가벼운 선정에서 고도의 집중rise up samadhi or higher level of concentration으로 다시 상승될 것이라

이 단계는 더 이상 번뇌에 물들지 않는 경지로서 욕망의

세계에 머무르는 중생의 세 가지 욕심인 욕계欲界The world of desires를 벗어난 뒤에 완전한 수행으로 도달할 수 있는 '아라한' 등급으로 색계 사선四禪의 완성된 모습이나니

5. 공무변처정空無邊處定The jhana.

계속해서 사선의 상태를 집중적으로 유지하면 공간이란 것이 시작도 끝도 알 수 없는 그래서 그 경계를 따로 지울 수 없는 무한함을 경험하게 될 것이니 즉 개념적 사유는 존재를 지지하는 개념들로 이루어져 개념이 지시하는 모든 존재는 공간 속에서 존재한다는 것이니 공간은 모든 개념의 토대인지라 개념적 사유가 창조되는 장소가 되는 것이라

6. 식무변처정識無變處定The jhana corresponding to the above

계속해서 앞에서 도달한 공무변처의 경험을 유지하면서 고도의 집중을 한다면 의식의 세계는 시작도 끝도 알 수 없는 무한함의 세계를 경계도 없이, 나누어 볼 필요도 없이 무한한 의식의 세계를 경험하나니

7. 무소유처정無所有處定The jhana of state of nothing-ness

계속해서 의식의 세계가 무한하다는 경험을 유지하면서 고도의 집중을 놓치지 않으면 어떠한 것도 그 머무름의 존재가 시작도 끝도 알 수 없는 무한의 경계에 있다는 진리 즉 주처가 아무것도 없음의 경지인 무소유처를 경험한다.

8. 비상비비상처정非想非非想處定beyond the condition

계속해서 무소유처의 경험을 유지하면서 고도의 집중을 놓치지 않으면 존재하는 모든 것이 있다고도 없다고도 할 수 없고 있음이 없다고도 할 수 없으며 또한 없음이 없다고도 할 수 없는 모든 존재의 유무를 벗어나는 것을 경험하나니

9. 멸진정滅盡定The samadhi beyond sensation and thought

이것은 마지막으로 다해서 없어진 상태를 말하노니

계속해서 비상비비상처의 경험을 유지하면서 고도의 집중을 놓치지 않으면 모든 느낌과 모든 지각이 사라지는 소멸의 경지인 멸진정(다해서 없어진 상태)을 경험하게 되나니

이것이 일체의 모든 것으로부터 벗어난 굴레나 얽매임에서 벗어나는 해탈解脫의 완성이도다.

오, 그대여 위대하도다
오직 이 세상에 하나뿐인 자리에 앉았도다

이제 탐욕과 분노가 사라지고 어리석음마저도 모두 사라지니 어떤 소리에도 놀라지 않는 사자처럼 그물에 걸리지 않는 바람처럼 물에 물들지 않는 연꽃처럼 더 이상 물질과 정신을 다섯으로 나눈 오온五蘊five skandhas이어라

"이것이 샤카무니 붓다께서 수행으로 완성한 길이며 열반에 이르고자 하는 수행자는 반드시 정진精進해야하는 붓다선 Buddha Jhana이니라.

조주趙州는 왜?

녹야원에서 발제하에 이르기까지
팔만사천 법문은 끝났다

불타오르지 않는
두꺼운 경전은 덮고
시인들은 노래를 멈추어야 한다

문자에 눈 멀고 귀 먹고
거짓 악보에 취해
걸음까지 비틀거성 성자聖者들, 그만
침묵의 관棺 속에 메마른 언어를 눕힐 일이다

사과 따먹으러 가자!

그림 속의 과수원
들여다보고 들여다본들
향기 없는 꽃들

조주는 왜
아직도
불타는 집 속에 앉아 있는가?

시인 김광수

2002년 계간 <문학과 경계>에서 신인상으로 등단

,

6

명상레슨

명상레슨 1

● 명상의 기본은 무엇입니까?

명상의 기본은 의도, 주의와 이완입니다. 이 명상의 기본 원리를 기억하면 곧 올바른 명상으로 나갈 수 있습니다. 하나의 진실은 명상법이 결코 변하지 않는다는 것입니다. 마치 좋은 와인처럼 시간이 지날수록 향은 더욱 깊어지고 더 풍성하게 느껴질 것입니다.

다음의 간단한 지침을 따르면 몇 분 안에 편안한 명상을 할 수 있습니다.

● 초보자를 위한 명상 성공의 3 단계

1. 조용히 앉을 장소를 찾으십시오.
2. 당신이 하는 모든 호흡을 세십시오.
3. 깊이 긴장을 풀고 깨어 있으십시오.

1 단계 : 조용하고 편안한 장소를 찾습니다.

주의가 산만해도 좋습니다. 처음으로 시도하는 경우 의자에 앉거나 베개 또는 쿠션을 밑이나 등에 대고 다리는 가부좌를 하거나 의자에 앉을 수 있습니다. 마음이 산만하다면 부드럽고 가벼운 음악을 틀어놔도 좋습니다. 자세가 중요하므로, 똑 바른자세, 즉 척추를 곧게 유지해야 합니다. 그러므로 웅크리지 말고 명상 세션의 전체 기간 동안 움직이지 않고 같은 위치에 앉을 수 있는지 확인하십시오. 경험이 증가함에 따라 더 오랫동안 더 오래 앉아있을 수 있습니다.

2 단계 : 당신이 하는 모든 호흡하는 횟수를 세십시오.

편안하게 앉아서 눈을 감거나 눈을 살며시 뜨고 무릎 앞의 한 지점을 바라봅니다. 이제 명상방법을 연습 할 준비를 마쳤습니다.

숨을 들이 쉴 때는 들이쉬는 흡입에 주의를 기울이고 폐를 채우는 느낌을 느낀 다음 "하나"하고, 쉽고 자연스럽게 내쉬면서 다시 마음속으로 "하나"하며 숫자를 세십시오.

이렇게 다시 숨을 들이쉬며 "둘" 숨을 내쉴 때 "둘"을 세고, 다시 들이쉬며 "셋" 등으로 세면서 다음 호흡으로 이어가며 수련합니다.

"다섯"에 도달하면 다시 처음으로 돌아가 "하나"에서부터 다음 호흡으로 다시 시작하십시오.

주의가 산만 해 지거나 숫자세기를 잃어도 아무런 문제가 없습니다. "하나"에서 다시 시작하면 됩니다. 호흡을 강요하지 말고 완전히 주의를 기울이며 완전히 휴식을 취하십시오. 한 번에 한 번 호흡을 하며 다시 시작하십시오.

3 단계 : 깊이 긴장을 풀고 깨어 있으십시오.

명상의 핵심은 정말로 경계하는 것과 진정 편안한 것 사이의 섬세한 균형을 찾는 것입니다. 보통 우리가 주의를 집중하려고 할 때 약간 긴장하는 경향이 있습니다. 우리가 깊은 휴식을 취할 때, 우리는 보통 졸기도 하며 심지어 잠들 수도 있습니다. 그러나 호흡을 세면서 주의를 기울이고 집중된 주의력 (마음속으로 숫자를 세는 것)과 깊고 진정 된 이완 (완벽히 앉아

있고 숨을 들이쉬고 숨을 내쉬는 것 외에는 아무것도하지 않는 것)으로 우리는 융합됩니다.

이 호흡명상법을 잘 익히면 산만하지 않아지며 하나부터 다섯까지의 부드러운 호흡 횟수의 반복이 조만간 다른 의식 상태, 즉 깨어 있고 편안하고 자유롭고 평화로운 느낌을 갖게 됩니다.

마치 잔물결이나 파도에 닿지 않는 광대하고 신비로운 바다의 조용한 깊이와 같아집니다. 당신이 이전에 걱정했거나 집중했던 모든 것이 점차 사라지고, 여기저기서 숨 쉬는 아름다운 단순함만이 있을 것입니다. 그게 바로 호흡명상입니다.

와우! 훌륭합니다, 축하합니다.

이제 여러분의 '숙제'는 매일 아침과 저녁에 한 번씩 최소 3분이나 5분 동안 반복하는 것입니다.

참고

명상이 완료되면 눈을 뜨고 1~2분 동안 세션이 완전히 끝날 때까지 조용히 머무르십시오. 명상이 끝나고 너무 갑자기 일어나면, 그것은 혼란스러울 수 있습니다. 그러나 천천히 그리고 부드럽게 전환 할 수 있다면, 명상 세션의"애프터 이펙트"가 다음날의 다음 활동으로 이어질 것입니다.

명상레슨 2

● 명상을 시작하는 방법

명상하는 방법을 배우는 것은 매우 간단한 과정입니다. 특히 다음과 같은 간단한 단계를 따르면 됩니다.

1 단계 : 자신에게 맞는 시간과 장소를 결정하십시오.

명상은 매일 같은 장소에서 같은 습관을 들이는 것이 가장 쉬운 방법입니다. 그냥 숙고하지 마십시오. 명상하기 가장 좋은 시간은 실제로 우선순위를 정할 수 있는 때입니다.

명상하기 가장 좋은 곳은?

최소한의 산만함이 있고 편안한 곳이라면 어디든지.

2 단계 : 명상 할 시간을 결정합니다.

특히 초보자, 3분, 5분 또는 10분 세션과 같이 작고 관리하기 쉬운 시간 단위부터 시작하는 것이 중요하므로 연습을 통해서 명상의 좋은점을 발견해야만 효과적으로 다음 단계로 나아갈 수 있습니다.

3 단계 : 편안하게 앉으십시오.

가부좌 자세로 앉거나 이런 자세가 불편하다면 발을 펴고 편안히 앉아 무릎위에 손을 얹고 앉으십시오. 등을 똑바로 유지하되 너무 긴장하지 마십시오. 필요한 경우 작은 쿠션이나 수건 등을 이용해 등을 똑바로 유지할 수 있습니다.

4 단계 : 명상을 스스로 할 것인지 안내 받을 것인지 결정합니다.

경험이 풍부한 지도자가 명상 그룹 또는 수업에 직접 참여하거나 안내 명상을 주도 합니다 .

명상하는 법을 배우는 사람들에게는 안내 명상이 권장됩니다. 대부분의 안내 명상은 비슷한 형식을 따릅니다. 지도자는 명상 중에 마음이 어떻게 움직이는지 설명하고, 특정 명상 수련법을 안내하며, 이 수련법을 일상생활에 통합하는 방법을 안내합니다.

● 초보자를 위한 간단한 명상 기법

내 몸 살펴보기

내 몸 살펴보기 기술은 명상하는 법을 배우는 사람들에게 훌륭한 수련법이 될 수 있습니다. 머리부터 발끝까지 마음으로 스캔하며 몸과 마음을 가다듬어 명상을 할수 있는 동기화를 만들어야합니다.

명상 기법으로 수행하는 방법은 다음과 같습니다.

• 눈을 감고 머리 꼭대기에서 시작하여 몸 전체를 마음으로 스캔하십시오.

- 스캔 할 때 어떤 부위가 느슨하거나 긴장되거나 편안하거나 불편하거나 가벼웁거나 무겁게 느껴지는 지 확인하십시오.

- 스캔을 반복해서 수행하고(각 스캔에는 약 20 초가 소요됨) 이 관측치를 사용하여 현재 순간에 몸이 어떻게 느끼는지 정신적인 그림을 만듭니다.

- 생각이 생겼을 때, 마지막으로 멈췄던 신체 부위로 돌아가십시오.

- 이 기술을 연습하고 편안하게 느끼기 시작하면 이보다 더 심층적인 신체스캔명상을 시도하십시오.

● 명상을 계속하는 방법

매일 명상을 하는 것이 필수적입니다. 그러나 많은 산만함과 경쟁 우선순위로 어떻게 일관성 있는 연습을 유지할 수 있는지가 관건입니다. 명상수련을 하다보면 빈도수가 지속시간보다 중요하다는 사실을 알게 되면 놀랄 것입니다. 다시 말해,

하루에 10분씩 일주일동안 70분을 명상하는 것이 일주일에 한 번에 70분 명상하는 것 보다 유익합니다.

그러므로 규칙적인 연습을 구축하기 위한 이 "느리고 꾸준한" 접근 방식을 통해 두뇌는 자신의 속도에 따라 열리며 제시하는 방법과 그 인식을 일상생활로 확장하는 방법을 배울 수 있습니다. 또한, 규칙적이고 일관되고 관리 가능한 습관을 유지하는 데 집중한다면, 우리는 자신의 발전에 대해 걱정하는 데 방해가 되지 않을 것입니다. 또한 자신의 몸과 마음을 과도하게 사용하는 것을 중단해야합니다.

우리가 쉬지 않고 일상적이고 주기적으로 명상을 계속하면 점점 더 자신감을 갖게 되며 확신이 생기게 됩니다. 그리고 그 확신은 명상이 어려워지는 날에도 명상을 할 수 있게 합니다. 그러다 보면 언젠가는 비교적 쉬운 연습을 경험하게 됩니다.

계속 더 많은 노력이 필요합니다.

● 한걸음 더 깊은 호흡명상법

스트레스, 불안 및 부정적인 감정을 줄이고 마음속에 화가 치밀어 올라 불타기 시작하면 명상으로 몸을 식히는 집중력을 향상 시키십시오.

불같이 화가 마음에서 일어나면 그대는 마음 챙김을 어떻게 챙기십니까?
한 가지의 지혜로운 방법은 명상하는 것입니다.

기본적인 방법은 자신의 호흡(주로 "마음 호흡"이라고 함)에 집중하는 것입니다. 마음호흡을 연습할 시간을 마련한 후에 일상생활에서 호흡에 주의를 집중시키는 것은 어렵지 않습니다. 이 명상은 스트레스, 불안 및 부정적인 감정을 다루고, 성미가 불타면 몸을 식히고 집중력을 키울 수 있는 수련입니다.

필요한 시간 :
최소한 일주일 동안 매일 5분씩
(화가 치밀어 오르는 마음이 많을수록 연습량을 증가하십시오)

수련 방법 :

이 수련법의 핵심은 깊은 호흡을 하는 가장 기본적인 방법으로 단순히 들이쉬는 숨과 내쉬는 숨에 주의를 집중시키는 것입니다. 서있는 동안에도 수련을 수행할 수 있지만 이상적으로는 앉거나 편안한 자세나 누워있을 수도 있습니다. 그리고 눈을 뜨거나 감을 수 있지만 눈을 감으면 초점을 유지하기가 어려워 집중에 방해가 될 수 있습니다. 이 수련법을 보다 효과적으로 하기 위해 지정한 시간을 따로 떼어 놓는 것이 좋습니다. 특히 스트레스를 받거나 불안해 할 때 수련하면 도움이 됩니다. 이 마음 챙김 호흡을 규칙적으로 실시하면 어려운 상황에서도 호흡을 쉽게 할 수 있습니다.

때때로, 특히 스트레스가 많은 순간에 자신을 진정 시키려고 할 때, 과장된 호흡을 힘차게 함으로써 시작하는 것이 도움이 될 수 있지만 절대 무리해서는 안 됩니다. 콧구멍을 통해 들이쉬기 (3초), 숨을 참음 (2초), 입으로 길게 내쉬기 (4초). 그렇지 않으면 호흡을 조정하지 말고 각 호흡을 관찰하십시오. 그렇게 하면서 생각이나 육체적 감각으로 정신이 산만해진다는 것을 알 수 있습니다. '괜찮아, 용서해' 이런 일은 나에게 일어나게 되어있으며 그 사람도 그럴 수 있다는 사실을 상기하며 점점 조심스럽고 천천히 호흡을 놓치지 마십시오.

• 곧 편안하고 안정된 자세를 유지하십시오. 의자나 쿠션의
바닥에 앉을 수 있습니다.
등을 똑바로 세우되 너무 경직되지는 마십시오. 편안한 곳
어디에서나 휴식을 취하십시오. 혀는 되도록 입의 천장에
놓되 불편하면 편안한 곳 어디에나 놓으십시오.

• 몸의 변화에 집중하고 천천히 이완 하십시오. 몸의 모양과
무게도 느껴보십시오. 몸이 느끼는 감각, 촉감, 바닥 또는
의자에 앉은 몸에 대해 긴장을 풀고 집중을 가지십시오. 호
흡을 관찰하며 압박감이나 긴장이 있는 부위를 하나하나
이완하십시오.

• 그냥 숨을 쉬며 숨의 자연스러운 흐름을 느껴보십시오. 이
제 숨은 길지도 짧지도 않고 자연스러워집니다. 몸에서 호
흡이 느껴지는 곳을 확인하십시오. 복부에 있을 수도 가슴
이나 목이나 콧구멍에 있을 수 있습니다. 한 번에 한 번 숨
을 쉬는 느낌을 느껴 보십시오. 한 호흡이 끝나면 다음 호
흡이 시작됩니다. 숨은 이렇게 자연스러워집니다.

- 방황하는 마음을 어루만져주십시오. 이렇게 하면 마음이 더 방황하기 시작할 수 있습니다. 다른 것들에 대해 생각을 할 수 있기 때문입니다. 하지만 이런 일은 문제가 되지 않습니다. 매우 자연스러운 일입니다. 당신의 마음이 방황했다는 사실에만 주목하십시오. 머리로는 "다른 생각" 또는 "방황"이라고 생각합니다. 그런 다음 자연스럽게 주의를 호흡으로 되돌립니다.

- 5~7분 동안 지금 앉은자리에 머무르며 조용히 숨을 쉬십시오. 때때로, 당신은 생각에서 길을 잃겠지만 곧 호흡으로 다시 돌아갑니다.

- 지금의 상태에서 떠나기 전에 마음을 다시 살펴보십시오. 그리고 얼마 후 마음으로 약속한 시간에 다시 한 번 몸과 몸 전체가 여기에 앉아야함을 알아차리십시오. 더 깊은 휴식을 취할 수 있게 하는 자신의 지혜에 감사하십시오.